Plath · Biografisches Theater in der Schule

Für Christiane und Klaus Mangold
und Tilmann Ziemke,
die mir auf den Weg geholfen haben

Maike Plath

Biografisches Theater in der Schule

Mit Jugendlichen inszenieren:
Darstellendes Spiel in der Sekundarstufe

Beltz Verlag · Weinheim und Basel

Maike Plath ist Lehrerin für Darstellendes Spiel, Musik, Deutsch und Englisch in der Sekundarstufe und gehört dem Vorstand des Bundesverbands Darstellendes Spiel an. Sie unterrichtet an einer Hauptschule in Berlin-Neukölln, führt Weiterbildungen für Theaterlehrer/innen am Berlin-Brandenburger Landesinstitut für Schule (LISUM) durch und hält Workshops und Vorträge zum »Biografischen Theater«.

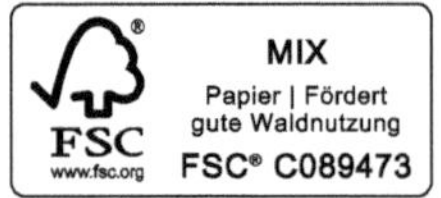

Dieses Buch ist erhältlich als:
ISBN 978-3-407-62638-7 Print

Werderstraße 10, 69469 Weinheim
service@beltz.de

Lektorat: Jürgen Hahnemann
Umschlaggestaltung: glas ag, Seeheim-Jugenheim
Umschlagabbildung und Fotos: Friederike Faber/Schülerinnenfirma »FotoBox«, Berlin

Herstellung: Lore Amann
Satz: Beltz Bad Langensalza, Bad Langensalza
Druck und Bindung: Beltz Grafische Betriebe, Bad Langensalza
Beltz Grafische Betriebe ist ein Unternehmen mit finanziellem Klimabeitrag (ID 15985-2104-1001).
Printed in Germany

Weitere Informationen zu unseren Autor:innen und Titeln finden Sie unter: www.beltz.de

Inhaltsverzeichnis

Anhang

Einleitung

Dieses Buch richtet sich an Lehrer/innen in der Sekundarstufe, die Theaterunterricht erteilen oder erteilen wollen und sich hierfür ein motivierendes, spannendes, neues Unterrichtskonzept wünschen. Besonders für Jugendliche der Sekundarstufe hat sich das »biografische Theater« in allen Schularten als überraschend erfolgreiches Unterrichtskonzept bewährt, das in diesem Buch mit vielen praktischen Übungen und Tipps aus dem Unterrichtsalltag vorgestellt wird.

Darüber hinaus lüftet dieses Buch ein Geheimnis: Es erklärt erstmals aus der Theaterpraxis heraus, warum der Theaterunterricht uns Lehrer/innen im immer komplexer werdenden Schulalltag grundlegende Hilfestellung bei der Bewältigung von Konflikten sein kann – und zwar weit über den konkreten Theaterunterricht hinaus. Insofern enthält dieses Buch einen wertvollen Beitrag für *alle* Lehrer/innen in der Unterrichtspraxis.

Denn nach Joachim Bauer ist die Vermittlung von Lerninhalten nur dann erfolgreich, wenn zwischen Schüler/innen und Lehrer/innen eine von Wertschätzung und Vertrauen geprägte Beziehungsebene besteht (vgl. Bauer 2007, S. 19). Eine solche aufzubauen ist aber unter den heutigen Bedingungen des Schulalltags zunehmend schwieriger geworden. Dieses Buch bietet aus der Theaterpraxis heraus konkrete Lösungsvorschläge zum Thema »Status im Unterricht«, die sich im Schulalltag als erfolgreich erwiesen haben. In diesem Sinne zeigt das vorliegende Buch, dass Theaterunterricht *für jede Lehrerin und jeden Lehrer* von großem Nutzen sein kann.

Ich unterrichte seit über zehn Jahren das Fach Theater/Darstellendes Spiel, davon seit vier Jahren an einer Hauptschule in Berlin-Neukölln. Wenn man an einer Hauptschule ausschließlich »normalen« Fachunterricht gibt, hat man ziemlich schnell das Gefühl, wie Sisyphos immer wieder einen schweren Fels den Berg hinaufzurollen, der danach sofort wieder den ganzen Weg hinunterkracht – ein gewisses Gefühl der Vergeblichkeit lässt sich da nicht abstreiten. Ob und was die Schüler *nachhaltig* lernen, ist sehr fraglich und für jeden engagierten Lehrer deprimierend.

Beim Theaterunterricht ist das anders. Es geht schon damit los, dass immer alle in Aktion sind und sich niemand hinter seinem Tisch, womöglich noch mit »Knopf im Ohr«, dem Unterricht entziehen kann. Ständig und ununterbrochen sind alle Schüler/innen gefordert.

Hinzu kommt, dass der biografische Theaterunterricht den Jugendlichen die Möglichkeit gibt, sich mit ihrer gesamten Persönlichkeit in den Arbeitsprozess einzubringen. Oft stellt dieser Aspekt die wesentliche Grundlage für ihre Motivation dar. Für das Fach Theater liegt in diesem Umstand eine riesige Chance, wenn wir methodisch geschickt damit umgehen: Ausgehend von den Wünschen, Erwartungen und Gedanken der Schüler/innen können wir einen bildungsästhetischen Prozess in Gang setzen, der sie Schritt für Schritt in die Lage versetzt, sich mit den Themen unserer Welt auseinanderzusetzen und eine eigene Haltung dazu zu entwickeln – dieses Buch will einen methodischen Weg dorthin konkret beschreiben.

Dass dieses Ziel erreichbar ist, konnte ich in den letzten vier Jahren mit meinen Hauptschüler/innen erleben. Natürlich gab es Krisen, Rückschläge, Dramen und viele Augenblicke des Zweifelns. Aber insgesamt ist die positive Veränderung der Jugendlichen und der offensichtliche Lernzuwachs geradezu verblüffend – ohne Ausnahme übrigens. Deshalb bin ich überzeugt, dass es sich lohnt, diesen Weg zu gehen.

Dieses Buch ist nicht in grauer Theorie am Schreibtisch entstanden, sondern in ständigem Austausch mit meinen Schüler/innen. Was ich in meiner Ausbildung gelernt hatte, konnte ich im Alltag nur teilweise gebrauchen. Stattdessen lernte ich viel über das Scheitern von Unterrichtskonzepten und hatte zu jeder Stunde immer schon gleich fünf Entwürfe in der Tasche, die ich manchmal innerhalb von zehn Minuten alle verwerfen musste. In dieser Zeit saß ich auf dem Nachhauseweg oft in der U-Bahn und dachte: »Nicht heulen – erst, wenn du zu Hause bist ...«.

Also versuchte ich in einer Art Trial-and-Error-Verfahren einen methodischen Weg zu finden, auf den die Jugendlichen »ansprangen«. Alles was ich je über Theaterunterricht gelernt hatte, probierte ich aus. Durch das sehr deutliche Feedback der Jugendlichen – von großer Begeisterung bis hin zu aggressivster Ablehnung und Rebellion – konnte ich Schritt für Schritt ein in sich schlüssiges Konzept entwickeln, das den Bedürfnissen und Interessen der Jugendlichen entsprach und dadurch – Schritt für Schritt – zu erfolgreicher Arbeit führte. In dieser Zeit wünschte ich mir ein Buch, in dem nur das steht, was wirklich im Unterrichtsalltag mit den Jugendlichen funktioniert. Dabei sollte es Spaß machen und gleichzeitig dem inhaltlichen Anspruch dieses Faches gerecht werden.

Es gibt eine große Anzahl wunderbarer, sehr guter Bücher zum Thema Theaterpädagogik, durch die ich viel gelernt habe (vgl. das kommentierte Literaturverzeichnis auf S. 157f.). Allerdings konnte ich all diese Literatur immer nur in Teilen nutzen und wünschte mir immer eine reduzierte, dafür aber extrem praxisorientierte *Best-of-Fassung für den täglichen Gebrauch*. Da ich so etwas bisher in den Buchregalen noch nicht gefunden habe, fing ich an, es mir selbst zu erarbeiten. Dabei entwickelte ich viele eigene Übungen oder wandelte andere ab – immer im direkten »Praxistest« mit den Jugendlichen.

Schnell wurde deutlich, dass diese Jugendlichen über einen guten Instinkt verfügen, Situationen und Zusammenhänge intuitiv erfassen und mit dem Körper erstaunlich treffend zum Ausdruck bringen können, nicht aber für lange reflektierende Gespräche im Stuhlkreis zu gewinnen sind. Ihre Herangehensweise ist weniger verkopft, dafür oft »wahrhaftiger« als unsere – mit »uns« meine ich uns Lehrer/innen oder überhaupt alle, die durch Schule und Studium daran gewöhnt wurden, sich einer Sache mit dem Verstand zu nähern und weniger über das Gefühl, denn diese »verkopfte« Denkweise steht uns bei der Arbeit mit Jugendlichen manchmal geradezu im Wege.

Aus diesem Grund eignete sich bei meinen Schülern der sogenannte biografische Ansatz besonders. Dieser bedeutet, dass die Biografien – sprich Gedanken, Erlebnisse und Gefühle – der Jugendlichen Ausgangspunkt der Theaterarbeit sind.

Der gesamte in diesem Buch beschriebene methodische Weg basiert auf dem biografischen Theater. Auf welche Weise dieser Ansatz bei Jugendlichen *Authentizität* und damit ästhetische Qualität auf der Bühne bewirkt, wird im Kapitel über Authentizität im Schultheater (S. 25ff.) genauer erläutert.

Eine weitere Feststellung, die ich machen musste, war, dass der Erfolg unseres Unterrichts wesentlich von unserer *inneren Haltung* zu unserer beruflichen Aufgabe abhängt. Daher beschäftige ich mich im ersten Teil dieses Buches (S. 11ff.) mit unserer inneren Haltung zu unserer beruflichen Aufgabe, mit dem, was wir denken, wenn wir vor unseren Schüler/innen stehen, und welchen Einfluss diese Gedanken im Verborgenen auf den Arbeitsprozess haben. Dies soll dabei helfen, auch in schwierigen Situationen konstruktiv zu denken und zu handeln.

Im zweiten Teil des Buches (S. 55ff.) finden Sie methodische Wege für einen erfolgreichen Theaterunterricht, die garantiert »funktionieren«: Vier methodisch aufeinander aufbauende Kapitel enthalten eine Vielzahl an Übungen, Spielen und konkreten Beispielen. Sie können im ersten Kapitel anfangen und alles Schritt für Schritt so mit Ihren Schüler/innen umsetzen, wie es dort steht. Jeden noch so kleinen Schritt bin ich – teilweise sogar mehrfach – mit meinen Berliner Schüler/innen gegangen.

Im fünften Baustein (S. 128ff.) finden Sie eine konkrete Prozessbeschreibung: Wie verbinde ich das vorher beschriebene Handwerkszeug zu einem *eigenen* Arbeitsprozess, wie verändere ich es individuell auf ein bestimmtes Thema hin, und wie komme ich am Ende zu einer erfolgreichen Theaterproduktion? Am Beispiel einer erfolgreich zur Aufführung gebrachten Theaterproduktion werden die Methoden beschrieben, kombiniert mit Erfahrungsberichten aus dem Alltag: Was passiert wirklich, wenn ich das mit meinen Schülern mache? Dazu finden sich viele Tipps, wie Sie aufkommende Schwierigkeiten konstruktiv lösen können.

Nehmen Sie sich für jeden Schritt immer so viel Zeit, wie Ihre Gruppe braucht. Es ist nicht entscheidend, wie viel Zeit Sie auf jede Übung verwenden, sondern ausschließlich, wie viel Energie und Ernsthaftigkeit. Dies ist kein Buch zum »Durchhetzen« – ganz im Gegenteil wird es spannend sein zu entdecken, wo Ihre eigenen Schüler/innen ihre Schwerpunkte setzen und wo sie länger verweilen wollen. Aus einer einzigen Übung kann ein Theaterstück entstehen, wenn Ihre Schüler/innen darauf »anspringen« und anfangen, eigene Ideen dazu zu entwickeln oder das bisher Gelernte plötzlich zu Neuem verknüpfen.

Lassen Sie sich nicht stressen. Entdecken Sie die Langsamkeit und die Ruhe. Entdecken Sie das Potenzial Ihrer Schüler/innen! Und seien Sie gespannt!

Toi, toi, toi! *Maike Plath*

Teil I: Theaterunterricht in der Sekundarstufe

Plädoyer für den Theaterunterricht in der Schule[1]

Wozu das Fach Theater/Darstellendes Spiel in der Schule? In Zeiten von PISA, Leistungsstandards und G8 scheint es vielen als unnötiger Luxus. Zwar hat man von den Erfolgen der finnischen Schulen gehört, und auch von der wichtigen Rolle, die Theaterunterricht in diesem Zusammenhang spielt, aber hierzulande herrscht dennoch hartnäckig die Meinung vor, Mathe, Deutsch, Englisch und so weiter seien wichtiger.

Es fragt sich aber: Wichtiger wofür? Denn inzwischen wird immer deutlicher, dass es *den* kontinuierlichen, sicheren Berufsweg – Schule, Praktikum, Ausbildung, fester Arbeitsplatz bis zum Ruhestand – nicht mehr gibt. Unsere Gesellschaft hat sich in den letzten 20 Jahren sehr verändert. Die Schulen dagegen kaum.

Die nachwachsende Generation soll flexibel, innovativ, mobil, sozial intelligent, verantwortungsbewusst, kreativ und krisenfest sein. In den Schulen wird aber, wenige positive Beispiele ausgenommen, nach wie vor im 45-Minuten-Takt unterrichtet – ein Überbleibsel aus den Zeiten der Industrialisierung, als die Jugendlichen auf die Taktung in den Fabriken vorbereitet werden sollten. Noch immer schrillt eine Klingel oder ein ähnlich hübsches akustisches Signal zur Pause. Noch immer beschäftigen sich die Schüler/innen an einem Vormittag häppchenweise mit diesem und jenen, ohne die Inhalte in einen größeren Zusammenhang stellen zu müssen. Und noch immer wird nach einem »Rahmenplan« unterrichtet, der die Inhalte vorschreibt und eine ständige Hektik erzeugt, weil jede Lehrerin und jeder Lehrer von vornherein weiß, dass er unter den zeitlichen Vorgaben und übrigen Bedingungen des Unterrichtsalltags keine Chance hat, diesen Rahmenplan einzuhalten.

Durch Tests, Vergleichsarbeiten, Prüfungsstandards wird das zu erreichende Wissen immer weiter zusammengezurrt mit dem Ziel, es mess- und vergleichbar zu machen. Der vorgeschriebene »Wissenstunnel«, durch den alle hindurch müssen, wird immer enger. Fächer, deren Bildungsinhalte nicht auf den ersten Schlag zu messen, kontrollieren und gewichten sind, fallen raus.

1 Theaterlehrer/innen, denen der Wert des Faches Theater/Darstellendes Spiel bekannt ist, können dieses Kapitel getrost überspringen – oder aber sich an dieser Zusammenstellung der positiven Wirkungen ihres Fachs erfreuen.

Umgekehrt entdecken wirtschaftliche Unternehmen und Betriebe die persönlichkeitsstärkenden Wirkungen von Theater, und ganze Firmenabteilungen werden in Wochenendseminaren von Schauspielern und Regisseuren für ihren Arbeitsalltag »fit« gemacht. Offensichtlich sind Firmen bereit, für das zu zahlen, was die Schulen versäumt haben: Persönlichkeitsbildung. Was nützt es heutzutage, wenn man reihenweise Multiple-Choice-Tests fehlerfrei ausfüllen kann, im wahren Leben aber weder dem Gespräch mit dem eigenen Chef noch dem mit der Sekretärin noch dem mit dem konkurrierenden Mitarbeiter gewachsen ist?

Es ist immer wieder rätselhaft, warum bestimmte Fakten nicht zu bestimmten Reaktionen in der Gesellschaft führen: Das Bildungssystem quietscht und knirscht unter den ständig wachsenden Anforderungen einer sich immer schneller wandelnden Gesellschaft, hält aber ängstlich an völlig veralteten Konzepten fest.

Das Fach Theater ist schon seit den 70er-Jahren als erfolgreiches Unterrichtskonzept bekannt, das bei den Jugendlichen verblüffend genau gerade die Kompetenzen fördert und stärkt, die wir heutzutage vermehrt brauchen, um uns den vielfältigen Anforderungen der Gesellschaft stellen und ein einigermaßen selbstbestimmtes Leben führen zu können. Theaterunterricht fördert unter vielem anderen:

- soziale und emotionale Intelligenz,
- Kreativität,
- Empathie,
- selbstständiges Denken,
- Spontaneität,
- Selbstvertrauen,
- Ausstrahlung,
- abstraktes Denkvermögen,
- konfliktlösendes Verhalten,
- Verantwortungsbewusstsein,
- Durchsetzungsvermögen,
- Teamgeist,
- Fantasie,
- Beziehungsfähigkeit.

Obwohl diese Wirkungen inzwischen sogar wissenschaftlich durch die Gehirnforschung nachgewiesen sind, werden an Schulen weiterhin andere Prioritäten gesetzt. Darum gibt es nur eine Möglichkeit: »Es gibt nichts Gutes – außer: Man tut es« – um es mit Erich Kästners Worten zu sagen.

Anstatt uns weiterhin von den Bedingungen in Schulen frustrieren zu lassen, können wir auch einfach selbst anfangen, etwas zu verändern.

Packen wir es an – und unterrichten das Fach Theater, soviel wir können. Denn damit leisten wir einen Beitrag von unschätzbarem Wert für die heranwachsende Generation.

Ergänzen Sie Ihren Unterricht durch Theater! Es gibt kein Fach, in dem Sie die Methoden und Techniken des Theaters nicht Gewinn bringend einsetzen können. Und vielleicht gelingt es Ihnen auch, einen Theaterkurs an Ihrer Schule zu etablieren – nach einiger Zeit eventuell sogar mehrere ... Dafür brauchen Sie nur Folgendes:

- Geduld,
- Gelassenheit,
- gute Laune,
- Mut,
- einen leeren Raum,
- Edding-Stifte,
- einen Stapel Papier,
- eine Musikanlage,
- als motivierenden und hilfreichen Start dieses Buch
- und am wichtigsten: *ehrliches Interesse an Ihren Schüler/innen!*

Was bewirkt der Theaterunterricht bei uns Lehrer/innen?

Statuswechsel

Alles Leben ist Theater. Und Theater ist vor allem Statuswechsel. Was ist Statuswechsel und was hat Statuswechsel mit unserer Rolle als Lehrer/in zu tun? Ich glaube – alles!

Nach Keith Johnstone (2002, S. 22–25) ist Statuswechsel das Geheimnis des erfolgreichen und entspannten Lehrers. Stellen Sie sich einen König und seinen Diener auf der Bühne vor. Der König ist aufgrund seiner – gesellschaftlich definierten – Position als König im Hochstatus. Der Diener – ebenfalls aufgrund seiner gesellschaftlich untergeordneten Position – ist im Tiefstatus. Spannend wird es aber erst dann, wenn der Diener sich entgegen seiner Position auf der Bühne so verhält, als sei er im Hochstatus – dann wird es übrigens auch witzig.

Innerhalb der Gesellschaft ist der Status fast immer zunächst durch die Position bzw. die Rolle definiert, z. B.:

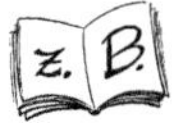

Hochstatus	Tiefstatus
Arzt	Patient
Chef	Angestellter
Anwalt	Mandant
...	...

Interessant ist aber die Tatsache, dass man entgegen seiner Rolle Hoch- oder Tiefstatus *spielen* kann. Man kann also durch verschiedene Verhaltensweisen seinen Status verändern. Dies bewirkt zwangsläufig eine Reaktion beim Gegenüber. – Man kann drei Formen von Status unterscheiden:

Drei Formen von Status

1. *den gesellschaftlich definierten Status* (siehe oben);
2. *den natürlichen Status:* Es gibt natürliche Hochstatusspieler, die auch entgegen ihrer gesellschaftlich definierten Rolle immer Hochstatus spielen – die sogenannten »Rampensäue« –, und es gibt das genaue Gegenteil: die typischen Tiefstatusspieler, die sich durch eine gewisse Form der Untertänigkeit aus jeder brenzligen Situation zu entziehen wissen, ohne sich dessen bewusst zu sein;

3. *den gespielten Status:* Dies ist die hohe Kunst, unabhängig von gesellschaftlichem oder natürlichem Status in jeder beliebigen Situation bewusst jeweils den Status zu spielen, der es einem möglich macht, die Situation zu seinen eigenen Gunsten zu steuern.

Gerade die letztere Variante kommt dem Theater zugute: Welche Handlungen und Verhaltensweisen bewirken Hoch- oder Tiefstatus? Oder klarer ausgedrückt: Welche Gesten, sprachlichen Tricks und Verhaltensweisen erzeugen beim Gegenüber den Eindruck, man sei im Hoch- bzw. Tiefstatus?

Die drei Status-Formen vorweg deutlich voneinander zu unterscheiden, ist für unser Thema aus folgendem Grund wichtig: Lehrer/innen sind – gesellschaftlich definiert – den Schüler/innen gegenüber im Hochstatus. Diese gesellschaftliche Verabredung wird aber heutzutage zunehmend durchbrochen, z.B. wenn die Schüler/innen fortwährend versuchen, den Hochstatus der Lehrerin bzw. des Lehrers infrage zu stellen. Für den Lehrer wird dies auf Dauer sehr anstrengend und führt in letzter Konsequenz zum Burn-out-Syndrom.

Natürliche Hochstatusspieler unter den Lehrer/innen versuchen diesen Mangel – oft auch erfolgreich – aufzufangen, aber selbst sie scheitern immer häufiger an der komplexen Unterrichtssituation im heutigen Schulalltag. Deshalb macht es Sinn, sich als Lehrer/in der Erkenntnisse aus der Theaterpraxis zu bedienen, in diesem Fall der Erkenntnisse von Keith Johnstone zum gespielten Status, der dritten Status-Form.

Johnstone beschreibt in seinem Buch »Improvisation und Theater« sehr genau die Verhaltensweisen, die Hoch- bzw. Tiefstatus erzeugen. Es ist verblüffend, wie sehr man darauf Einfluss nehmen kann, ob man im Hoch- oder im Tiefstatus agiert. Johnstone widmet diesem Thema ein ganzes Buch (das für jeden Lehrer sehr aufschlussreich ist, vgl. das kommentierte Literaturverzeichnis auf S. 157ff.), hier sollen zur Verdeutlichung nur einige Beispiele genannt werden:

Status erzeugt Reaktion

Der Status, den jemand uns gegenüber einnimmt, erzeugt bei uns zwangsläufig eine Reaktion. Ganz oberflächlich betrachtet verhalten wir uns zunächst im Tiefstatus, wenn jemand uns gegenüber klar den Hochstatus einnimmt. Tut er dies aber zu lange, wächst in uns der Drang, seinen Status zu senken.

Dasselbe lässt sich auch im Theater beobachten: Wenn wir auf der Bühne eine Figur erleben, die sich dauerhaft im Hochstatus verhält, fängt das Publikum an, sich zu wünschen, diese Figur im Tiefstatus zu sehen – z.B. beim König und Diener: Das Publikum hofft heimlich, dass der Diener etwas Unerwartetes oder Freches tut und damit Hochstatus einnimmt.

	Hochstatus	Tiefstatus
Bewegungen	sehr langsame, vor allem wenige Bewegungen	viele, kleine, hektische Bewegungen
Sprache	langsam und ruhig sprechen	schnell und zu laut oder zu leise sprechen
Verhalten im Raum	Jemand wird im Hochstatus wahrgenommen, wenn er sich dem Raum gegenüber so verhält, als wäre er zu Hause: den Raum entspannt durchschreiten, aus dem Fenster gucken, Gegenstände, die im Raum sind, selbstbewusst benutzen, es sich auf den Sitzmöbeln gemütlich machen und so weiter.	Jemand wird im Tiefstatus wahrgenommen, wenn er sich in einem Raum wie ein Eindringling verhält: schüchtern, verzagt, nur auf der äußeren Stuhlkante kauernd, möglichst wenig Raum einnehmend.

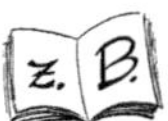

Statusgerangel

Wenn eine Figur im Hochstatus einer anderen begegnet, die sich ebenfalls dem Hochstatus gemäß verhält, so entsteht ein Kampf um den Status: Wenn nämlich keiner von beiden bereit ist, seinen Status zu senken, müssen sie ihren Status abwechselnd immer weiter erhöhen, sich gegenseitig »hochschaukeln«, und laufen dabei immer mehr Gefahr, vom anderen lächerlich gemacht zu werden (= in den Tiefstatus gebracht zu werden), denn irgendwann wird einer nachgeben müssen. Je weiter sie sich aber gegenseitig »hochgeschraubt« haben, desto tiefer wird der Fall des Verlierers irgendwann sein und desto größer somit auch seine Demütigung.

Ein solch erbittertes »Statusgerangel« kippt ab einem gewissen Zeitpunkt ins Komische bzw. Lächerliche. Deshalb verwendet man diesen Effekt so gerne auf der Bühne. Die Komik daran wird in der berühmten Szene des Charlie-Chaplin-Films »Der große Diktator«, sehr deutlich, als der »Führer« – gespielt von Charlie Chaplin – und Mussolini beim Friseur sitzen und abwechselnd ihre Stühle immer höher schrauben, weil keiner bereit ist, seinen Status zu senken.

Gescheiterte und gelungene Kommunikation

Das Komische an einer solchen Situation liegt in der Tragik der gescheiterten Kommunikation. Denn gelungene Kommunikation basiert – wiederum nach Keith Johnstone – auf dem Geheimnis des ständigen Statuswechsels beider Gesprächspartner: Stellen Sie sich im Gegensatz zum Charlie-Chaplin-Beispiel zwei gute Freunde bei einem vertraulichen Gespräch vor. Diese beiden werden während des gesamten Gesprächs intuitiv einen Statusausgleich zwischen sich herstellen, weil sich keiner über den anderen erheben will. So kommt es, dass beide unaufhörlich den Status des anderen ausgleichen, indem jeder sofort seinen Status hebt oder senkt, je nachdem, was gerade gefordert ist, um die Kommunikation für beide angenehm und konstruktiv zu gestalten.

Hochstatus im Klassenzimmer

Kommen wir nach diesem kleinen Ausflug ins Thema »Status« zurück zum Lehrer: Das Tragische an unserer Ausbildung ist meiner Meinung nach, dass uns Lehrer/innen immer der Eindruck vermittelt wurde, wir müssten uns im Klassenraum ununterbrochen im Hochstatus verhalten. Das ist völlig falsch.

Auf Dauer wird es immer anstrengender, den Hochstatus zu halten, und wir erzeugen bei den Schüler/innen »automatisch« den Druck, uns in den Tiefstatus zu bringen. Je länger wir uns dagegen wehren, unseren Status – rechtzeitig und freiwillig! – zu senken, desto schwieriger wird es für uns, mit Würde aus dem Statuskampf auszusteigen bzw. ihn zu gewinnen – und desto höher wird auch die Gefahr, aus diesem Statuskampf gedemütigt herauszugehen. Denn wer sich ganz nach oben hat schrauben lassen, der wird auch sehr tief fallen.

Egal wie erfahren und souverän wir auch sein mögen – es wird immer wieder Schüler/innen geben, die es schaffen werden, einen Statuskampf gegen uns zu gewinnen. Geschieht dies nach einem langen Statusgerangel, fallen wir tief und verlieren an Respekt und Autorität. Das bedeutet, dass wir rechtzeitig aus einem solchen Status-Szenario aussteigen müssen. Und das können wir nur, indem wir bewusst einen Statuswechsel vornehmen, also im oben beschriebenen Fall unseren Status senken. Hierzu ein Beispiel aus der Praxis:

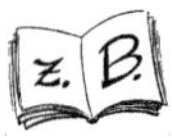

Eine Schülerin verweigert ununterbrochen die Mitarbeit. Sie redet dazwischen, albert, stört. Ich weise sie mehrmals freundlich darauf hin. Dadurch wird sie zunehmend aggressiv und motzt mich an. Als ich sie das fünfte Mal auf ihr Verhalten anspreche, bekommt sie einen Wutanfall, steht auf und brüllt mich vor versammelter Mannschaft an. Dabei fallen verblüffend viele, einfallsreiche Beleidigungen. Die anderen Schüler/innen verstummen und starren mich mit dem halb neugierigen, halb mitleidigen »Was-macht-sie-jetzt-für-ein-Gesicht« an.

Ich hole tief Luft, um meine instinktive Reaktion – nämlich aus meinem rollenspezifischen Lehrer-Hochstatus heraus zu reagieren – zu unterdrücken und mir eine bessere zu überlegen (gespielter Statuswechsel). Dann gehe ich langsam auf sie zu und halte Blickkontakt. Daraufhin erhöht die Schülerin nochmal Lautstärke und Frequenz ihrer Beleidigungen.

Ich zeige darauf keine Reaktion, sondern gehe nur weiter langsam auf sie zu. Sie hört nicht auf, mich zu beschimpfen. Als ich direkt vor ihr stehe, beuge ich mich vor und flüstere ihr ins Ohr: »Sag mal, meine Süße – was ist denn bloß los mit dir heute?«

Augenblicklich bricht sie wie ein Mehlsack in meinen Armen zusammen und bekommt einen Weinkrampf. Sie klammert sich an mich und schluchzt, als sei die ganze Welt zusammengebrochen.

Die anderen Schüler/innen schauen erstaunt. Die Schülerin entschuldigt sich und ist überhaupt auf Versöhnung aus. Die Atmosphäre hat sich vollkommen verändert, zum Positiven hin. Das Verblüffende: Ich bin wieder der »Chef«.

Zwei Anmerkungen zu dieser Situation:

- Solch ein Statuswechsel funktioniert nur, wenn wir die Schüler gut kennen und sie mögen, d.h. wenn wir eine funktionierende Beziehungsebene zu ihnen aufgebaut haben (Bauer 2007, S. 15) und sie sich grundsätzlich von uns angenommen und wertgeschätzt fühlen.
- Dies ist keine Happy-End-Szene wie aus einem amerikanischen Spielfilm: Fortan verhielt sich besagte Schülerin nicht freundlich, lernwillig oder insgesamt wunderbar, stattdessen motzte sie mich gleich in der nächsten Stunde erneut an. Aber: Ich brauchte weniger Energieaufwand, um sie aus ihrem eigenen »Abwehr-Mechanismus« zu befreien, und Stunde für Stunde wurde unser Verhältnis entspannter und konstruktiver.

Natürlich gelingt so etwas nicht immer. Immer wieder gehen solche Situationen auch schief. Denn leider gibt es keine Allgemeinrezepte und jede Schülerin und jeder Schüler ist anders. Aber es ist hilfreich, wenn wir unsere Wahrnehmung hinsichtlich dieser Abläufe schärfen, weil wir mit der Zeit unser Verhaltensrepertoire und unser Verständnis solcher Krisensituationen wesentlich verbessern können.

Was ist hinsichtlich eines Statuswechsels in dieser Situation passiert? Hier der Versuch einer Analyse:

- Die Schülerin stört. Ich möchte ihr Verhalten unterbinden. Sie weigert sich. Wir befinden uns in einem klassischen Statuskampf: Wer wird sich durchsetzen?
- Auf meine Ermahnungen hin (im Hochstatus, aus der Rolle der Lehrerposition heraus) reagiert sie ebenfalls mit (natürlichem) Hochstatus: Sie widerspricht und zeigt sich völlig unbeeindruckt.
- Ich verschärfe meine Ermahnungen aus dem Hochstatus heraus – sie legt jedes Mal »einen drauf«. Wir befinden uns in einem Statusgerangel – jeder schraubt seinen »Friseurstuhl« abwechselnd ein bisschen höher.
- Die Schülerin steht auf (Hochstatus dem Raum gegenüber).
- Die Schülerin beleidigt mich (Hochstatus meinem persönlichen Raum gegenüber).
- Ich könnte jetzt »zurückbrüllen« oder sie aufgrund einer Sanktion (Tadel, Verweis oder Ähnliches) in den Tiefstatus zwingen. Dies geschähe aber aus meiner Machtposition als Lehrerin (rollendefinierter Hochstatus) heraus. Menschlich gesehen würde sie dadurch meinen Hochstatus nicht anerkennen, sondern nur aufgrund meiner hierarchisch definierten Rolle reagieren.
- Sie würde (eventuell!) klein beigeben, aber bei der nächsten vergleichbaren Situation wieder versuchen, ihren Hochstatus durchzu-

setzen, weil die letzte Situation nicht zu einer tatsächlichen Einsicht geführt hätte.

- Die Schülerin würde meine Sanktion als ungerechtes Machtmittel empfinden, das ich ihr gegenüber nur aufgrund meiner Position als Lehrerin durchsetzen kann. Dadurch würde sie mich nicht mehr achten und menschlich nicht als Vorbild akzeptieren. So erwächst bei ihr keine tiefere Einsicht zur Verhaltensänderung, sondern nur ein kurzfristiges (und widerwilliges) Nachgeben, das ihre Aggressivität in zukünftigen Situationen nur verschärft.

Anmerkung: In dieser Situation bezeichnen Schüler/innen ihre Lehrer oft als »Opfer«, was einer schlimmen Beleidigung gleichkommt – denn ein »Opfer« ist eigentlich jemand, der sich nicht durchsetzen kann und »auf die Fresse bekommt«. Wenn Lehrer/innen sich ausschließlich aufgrund ihrer gesellschaftlich verabredeten Hochstatus-Rolle, also aufgrund ihrer beruflichen Position, durchsetzen können, werden sie von heutigen Jugendlichen nicht geachtet und heimlich als »Opfer« bezeichnet.

Die besagte Schülerin hat in ihrer Vergangenheit zahlreiche »Statuskämpfe« gegen Lehrer/innen – aus ihrer Sicht ungerechtfertigt – verloren. Sie fühlte sich zunehmend unverstanden und abgelehnt und hat daher ihren aggressiven Verhaltenskanon immer weiter »professionalisiert«: Sie wurde zu einer »Expertin«, was das Beleidigen und Provozieren von Lehrer/innen angeht, daher ihr schier unglaubliches Repertoire an Beleidigungen.

Diese Schülerin kann im Statusgerangel mit Lehrer/innen immer länger »durchhalten«, weil sie mit jeder Demütigung weitere Aggressionsenergie angesammelt hat. – Zurück zur Beispielsituation:

- Ich verzichte auf eine Demonstration von Hochstatus aus meiner rollendefinierten Position heraus und wechsle auf die menschliche Ebene (gespielter Status, dessen Grundvoraussetzung natürlich ein angemessenes Selbstbewusstsein ist!).
- Nach außen hin gehe ich in den Tiefstatus, da ich ihren Beleidigungen nichts entgegensetze, mich also nicht »wehre«. Körperlich wende ich aber Mittel des Hochstatus an: Ich gehe langsam auf sie zu und halte Blickkontakt.
- Instinktiv setzt die Schülerin »noch einen drauf«, weil sie meinen Hochstatus empfindet: Sie wird noch lauter und weicht nicht von der Stelle.
- Rollenspezifisch gehe ich in den absoluten Tiefstatus, indem ich sie liebevoll, wertschätzend und persönlich anspreche und sie umarme. Aus meiner Rolle als Lehrerin heraus gehe ich damit *ihr gegenüber* in

den Tiefstatus – die anderen Schüler/innen mögen zunächst denken: »Was? Damit kommt die Schülerin durch? Das lässt sich die Lehrerin gefallen?«

- Menschlich gesehen bin ich mit diesem Verhalten aber – auf einer anderen Ebene – in den Hochstatus gegangen (ruhige, verständnisvolle Ansprache, Ignorieren ihrer Angriffe). Dadurch befreie ich dieses Mädchen aus ihrer »Hochstatus-Schraube« und sie fällt in den Tiefstatus (Weinen).

Im Gegensatz zu Statusspielen auf der Bühne hat diese Form des Statuswechsels ihre Grundlage im direkten menschlichen Respekt vor dem anderen. Der rollenspezifische Tiefstatus meinerseits wird auf der menschlichen Ebene von den Schüler/innen als Hochstatus anerkannt.

Denn erst jetzt wird deutlich, was der Angriff der Schülerin auf einer darunter liegenden Ebene bedeutete: »Wann kommt endlich ein Lehrer, der mich trotz meines unmöglichen Verhaltens durchschaut, mich annimmt, vielleicht sogar mag? Wann kommt ein Lehrer, der mich sieht, wie ich wirklich bin, und der stark genug ist, es mit mir auszuhalten? Der trotzdem an mich glaubt?«

Das aggressive Verhalten ist nur eine Show, die als Schutzpanzer gegen tief liegende Enttäuschungen aufgebaut wurde. So etwas können wir aber nur herausfinden, wenn wir uns aus rollenspezifischem Statusverhalten befreien und den Schüler/innen als Menschen begegnen, die auch bereit sind, Schwächen zu zeigen.

In den Tiefstatus zu gehen, bedeutet für uns Lehrer/innen häufig nichts anderes, als uns menschlich zu zeigen und etwas von uns preiszugeben. Dies bedeutet, ein unglaubliches Risiko einzugehen, uns verletzlich zu zeigen, aber es birgt auch unvergleichliche Erfolgschancen, was unsere pädagogische Arbeit betrifft. Gleichzeitig erfordert es aber auch Mut und Auseinandersetzung mit unserer eigenen Persönlichkeit: Welches sind unsere Ängste, unsere eigenen Schwächen und Stärken?

Erfahrungsgemäß verfügen Jugendliche über einen sehr guten Instinkt und erkennen solche »Mutproben« seitens ihrer Lehrer/innen an – wenn sie wirklich authentisch sind!

Die Zeiten, als ein Lehrer den Klassenraum betreten und aufgrund seiner Position als Lehrer davon ausgehen konnte, im Hochstatus akzeptiert und respektiert zu werden, sind unwiederbringlich vorbei. Wir müssen anerkennen, dass wir uns die Autorität im Klassenraum »verdienen« müssen. Und da rollenspezifisches Verhalten immer weniger anerkannt wird, müssen wir einen anderen Weg gehen, nämlich versuchen, als Mensch ein Vorbild für die Jugendlichen zu sein. Nicht, indem wir perfekte Menschen werden, sondern indem wir ihnen vorleben, wie wir selbst mit Krisen, mit Angst, mit Konflikten umgehen. Dabei können uns die vielfältigen Beobachtungen aus dem Bereich des Theaters helfen.

Ein abschließendes Wort zum rollendefinierten Hochstatus des Lehrers: Der innere Druck, den wir als Lehrer/innen oft empfinden, im Klassenzimmer »Chef« zu bleiben, ist häufig auf die irrige Annahme gegründet, dass wir ununterbrochen im Hochstatus agieren müssten, was uns in der Lehrerausbildung auch so suggeriert wird.

Die Wahrheit ist aber, dass wir unsere Autorität auf viel stabilere Beine stellen, wenn wir lernen, unseren Status zu wechseln, indem wir trainieren, auch bewusst in den Tiefstatus zu gehen, was für uns als Lehrer/innen auch bedeutet: uns menschlich als private Person zu zeigen.

Dass wir »Chef im Klassenzimmer« sein müssen, ist richtig, denn wir tragen die Verantwortung. »Chef« zu sein ist aber nicht gleichbedeutend mit »im Hochstatus sein«, sondern bedeutet, seinen Status situationsangemessen heben und senken zu können (vgl. Johnstone 2002, S. 55f.).

Jede Form von »Status-Starre« ist auf Dauer destruktiv und frustrierend: Krampfhaft Hochstatus zu halten erfordert zunehmend Nerven und macht auf Dauer krank. Genauso fatal ist es, dauerhaft den Schüler/innen gegenüber Tiefstatus zu spielen. Denn das führt nur dazu, dass sie uns auf der Nase herumtanzen und uns für schwache Lehrer/innen halten, die sich bei ihnen »einschleimen« wollen.

Lehrer/innen als »Statussurfer«

Wenn wir es aber auf Dauer schaffen, begnadete Statuswechsler im Alltag zu werden, und der Situation entsprechend unseren Status spielerisch verändern können, haben wir bedeutend mehr Freude und Erfolg in unserem Beruf. Und lernen viel über uns selbst. Um den Unterricht erfolgreich zu gestalten, müssen wir also beides souverän beherrschen: Hochstatus und Tiefstatus. Zwischen diesen beiden Polen gilt es, souverän »entlangzusurfen«, ohne die Balance zu verlieren.

Die folgende Aufzählung von Verhaltensweisen im Hoch- und Tiefstatus ist nur eine kleine Auswahl, die beispielhaft für das Prinzip im Allgemeinen steht und verständlich machen soll, was mit Hoch- und Tiefstatus für uns Lehrer/innen gemeint ist. Sie kann – und muss – in der Praxis immer erweitert werden.

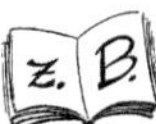

Konkrete Beispiele für Hochstatus im Unterricht	Konkrete Beispiele für Tiefstatus im Unterricht
• aufrechte, entspannte Körperhaltung • wenige Bewegungen • ruhige, gleichmäßige Sprache • Die eigene Stimmung kann nicht von den Schüler/innen verändert werden, egal was passiert. • klare, deutliche Anweisungen • hoher Anspruch, von den Schüler/innen etwas fordern (sowohl menschlich als auch fachlich) • »gnadenloses«, aber gerechtes Feedback geben – immer das Positive zuerst • die Zeit bestimmen • jeder Schülerin und jedem Schüler seine Aufgabe, seine Verantwortung innerhalb der Gruppe deutlich machen und diese einfordern • fachlich gut vorbereitet sein • Ziele beschreiben und den Weg mit der Gruppe dorthin selbst verantworten • Entscheidungen treffen (menschlich und fachlich) • den Raum beherrschen	• alles, was die Schüler/innen machen sollen, selber vormachen • über sich selbst lachen! • Fehler zugeben! • über eigene Fehler lachen können! • Privates von sich erzählen • sich beim Sprechen vor den Schüler/innen hinknieen, sodass sie beim Sprechen auf den Lehrer herabschauen können • mit den Schüler/innen verstecken spielen, toben, albern sein • Witze erzählen und sich Witze erzählen lassen • Gefühle zeigen • Quatsch machen • Die Ideen der Schüler annehmen und ernst nehmen!

Konkret aufs Theaterspiel bezogen ergibt sich daraus folgende »Verhaltensregel«:

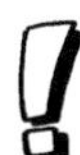

> Von vornherein klarstellen, dass es grundsätzlich die Schuld des Spielleiters ist, wenn irgendetwas nicht klappt oder wir etwas nicht schaffen!

Dieser Trick stammt von Keith Johnstone, der all seinen Theatergruppen zu Beginn der Arbeit sagt: »Wenn irgendetwas schiefläuft, ist es meine Schuld. Ich trage für alles die volle Verantwortung.« Der Trick liegt darin, dass mit diesem Satz der größtmögliche Tiefstatus geäußert wird. Aber: Wer so etwas sagen kann und bereit ist, die Konsequenzen dieser Aussage zu tragen, der ist im absoluten Hochstatus. Denn wer außer dem Chef kann so etwas sagen?

Diese Erkenntnisse sind innerhalb der Pädagogik natürlich nicht neu. Sie sind mir aber erst in der Theaterpraxis und durch den Begriff des »spielerischen Statuswechsels« deutlich geworden. Und das hat sei-

Spielleiter sein

nen Grund: Der Theaterunterricht zwingt die Lehrerin bzw. den Lehrer dazu, zum *Spielleiter* zu werden. Spielleiter zu sein, das bedeutet wortwörtlich: der Leiter bzw. die Leiterin von Spielen zu sein. Und *spielen* bedeutet: ohne Angst vorm Scheitern alles ausprobieren und dabei lernen, so wie kleine Kinder es schon immer tun. Das muss auch für uns selber gelten – wenn wir nicht *mitspielen*, klappt es nicht.

Mitspielen ist aber im rollendefinierten »Lehrer-Hochstatus« gar nicht möglich. Also müssen wir zwangsläufig ein Statuswechsler werden, wenn die Arbeit funktionieren soll. Wir müssen »Chef« sein und die Verantwortung tragen, dabei aber ständig unseren Status verändern und den Schüler/innen gegenüber zugleich Freund, Spielleiter, Boxsack und Mentor sein.

Dieses pädagogische Prinzip wird im Theaterunterricht besonders offenbar. Es gilt aber für alle Fächer und für unsere heutige Unterrichtssituation überhaupt. Denn was wir uns nicht immer ausreichend bewusst machen: Die Eltern vertrauen uns das an, was ihnen am wertvollsten ist: ihre Kinder. Wir sollten nicht nur Lehrer im engeren Sinne sein, sondern immer auch Mentor.

Mentor

Odysseus musste seinen gerade erst zur Welt gekommenen, geliebten Sohn Telemachos verlassen, um in den Krieg gegen Troja zu ziehen. Er hatte einen Diener, den er ganz besonders achtete und liebte und dem er das Wertvollste anvertraute, was er besaß: seinen Sohn. Der Diener sollte ständiger Begleiter von Telemachos sein, ihn beschützen und ihm alles beibringen, was dieser fürs Leben brauchte. – Dieser Diener hieß mit Namen Mentor.

Authentizität – die Suche nach dem schwer erreichbaren Gut

»Nicht das Authentische
ist die Angelegenheit der Kunst,
sondern das Authentische auszudrücken.«
(Brassai)

Biografisches Theater löst immer wieder Vorurteile und Ängste aus, z. B.:

- Die Jugendlichen werden in ihrer Befindlichkeit 1:1 ausgestellt.«
- Die biografischen Produktionen bleiben auf einem niedrigen Niveau, weil der inhaltliche Rahmen nicht über ihre eigenen Erfahrungen hinausgeht.«

Vorurteile dieser Art basieren auf Unkenntnis des biografischen Theaters und erweisen sich in der Praxis als völlig unbegründet. Die folgenden Ausführungen über Authentizität und die Haltung des Spielleiters sollen den Ansatz des biografischen Theaters in der Schule begründen.

Mit der Authentizität im Schultheater verhält es sich ein bisschen wie mit dem schwer erreichbaren Gut in der Sage oder dem verborgenen Schatz im Märchen, den es zu suchen gilt. Und ebenso wie dort ist der Weg dorthin beschwerlich und meistens nicht auf die Art zu finden, wie man es erwartet. Vielleicht ist es sogar ein Fehler, das magische Wort »Authentizität« seinen Schüler/innen gegenüber laut auszusprechen, denn das hieße, den guten Geist durch lautes Gebrüll zu vertreiben.

Dennoch entsteht Authentizität im Theater nicht von selbst. Das kann man schnell feststellen, wenn man Schüler/innen etwas vermeintlich Authentisches spielen lässt, ohne sie darin weiter anzuweisen. Dann entstehen sketchartige Szenen im Klassenzimmer oder auf dem Schulhof, bei denen die Schüler/innen versuchen, sich selbst zu spielen und ihre Realität auf der Bühne abzubilden. Seltsam falsch und irgendwie »knapp daneben« wirkt dieses Spiel, und man fragt sich, warum diese »Klassenzimmerszenen« ein solches Unbehagen beim Zuschauer auslösen. Nichts scheint unauthentischer zu sein als dieses Bemühen, die Szenen »möglichst echt« zu spielen. Irgendetwas stimmt nicht, und doch kann keiner so recht die Ursache dafür benennen.

Das Schwierige bei der Suche nach Authentizität ist, dass man niemandem die Anweisung geben kann: »Sei mal authentisch«, denn dies führt sofort zu einer Bewusstwerdung der eigenen Verhaltensweisen und somit zu Verstellung. Der Verstand schaltet sich ein und übernimmt die Kontrolle, und augenblicklich verschwindet der Zauber des Authentischen. Ein Mensch mag sich wunderbar authentisch bewegen – dies findet ein abruptes Ende, wenn man ihm einen Spiegel vorhält. Genauso verhält es sich, sobald man einen Menschen fotografieren möchte – das eben noch lebendige Lächeln erstarrt zur Maske. Je genauer unser Verstand das Phänomen Authentizität untersucht und ihm durch Gesetzmäßigkeiten auf den Grund gehen will, desto weiter entfernen wir uns davon.

Dennoch erkennen wir Authentizität auf der Bühne sofort, wenn wir sie sehen – es gibt sie also. Der Weg dorthin führt allerdings über einige Umwege: Wichtig, um Authentizität zu erzeugen, ist die vollständige Identifikation der Schüler/innen mit den auf der Bühne dargestellten Inhalten. Daher ist es nicht falsch, bei ihren eigenen Gedanken, Gefühlen und Befindlichkeiten anzusetzen. Dies kann sowohl über die Auseinandersetzung mit einer dramatischen Vorlage als auch durch einen biografischen Ansatz geschehen. Bei meiner derzeitigen Tätigkeit an einer Hauptschule in Berlin-Neukölln habe ich mich einfach deshalb für den biografischen Ansatz entschieden, weil den Schüler/innen bisher jegliche Erfahrung mit literarischen oder dramatischen Texten fehlte.

> »Um Missverständnissen vorzubeugen, darf biografische Theaterarbeit nicht mit Erscheinungsformen wie dem Psychodrama und anderen Theater-Therapien verwechselt werden. Auch wenn der Biografieträger im Mittelpunkt des Interesses steht, wird der Fokus nicht wie in der Therapie auf den Prozess, sondern hauptsächlich auf das Produkt gerichtet. Biografische Theaterarbeit ist ergebnisorientiert. Mit dem jeweiligen Stück geht es immer darum, dem Zuschauer persönliche Anliegen und Erfahrungen der Biografieträger zu vermitteln. […]
>
> So unterschiedlich wie die Inhalte biografischer Theaterarbeit ausfallen können, so vielfältig sind auch die Methoden und Darstellungsweisen. Unter anderem könnten als Ausdruck von persönlichen Befindlichkeiten abstrakte oder auch skurril-theatrale Bilderwelten entwickelt werden. […]
>
> Das verbindliche Kriterium aller Formen in diesem Bereich ist einzig und allein, dass die Produktion von biografischen Aspekten der Akteure ausgeht. Damit sind Aufführungen biografischer Theaterarbeit im weitesten Sinne immer Sprachrohr von Biografieträgern. Inhalt und Form werden von den jeweiligen Zielsetzungen der Theatermacher und den daraus abgeleiteten dramaturgischen Maßnahmen bestimmt« (Köhler 2009).

Von Anfang an muss den Schüler/innen klar sein, dass ihnen nichts Fremdes übergestülpt wird, gar ein dramatischer Text, den die Spielleiterin bzw. der Spielleiter immer schon mal umsetzen wollte. Je mehr die Schüler/innen ein egozentrisches Drängen des Spielleiters spüren, desto unsicherer, aufgesetzter und auch verschlossener wird ihr Spiel. Oder, was noch schlimmer ist: Die Schüler/innen versuchen, ihrem Spielleiter jeden Wunsch von den Lippen abzulesen, die »richtigen« Antworten im Voraus zu erahnen und eine perfekte Kopie der Spielleitererwartung abzuliefern. In beiden Fällen bleibt die Authentizität auf der Strecke.

Haben die Schüler/innen aber ihren eigenen Themen intensiv nachgespürt und – durch Diskussion, Austausch, Spielimpulse zu Begriffen, Fantasiereisen, kreative Schreibaufgaben und Ähnliches – die Tür zur Schatzkammer ihrer ureigenen Gedanken- und Gefühlswelt einen Spaltbreit geöffnet, kann die Arbeit an der Produktion beginnen.

In dieser Phase lauert allerdings die nächste Gefahr oder – bildlich gesprochen – das große Ungeheuer: die eigene *Betroffenheit*. Zunächst erwünscht, kann sie nun die Schüler/innen wiederum davon abhalten, den Weg zur Authentizität zu finden. Denn wenn Schüler/innen ihre Befindlichkeiten ungefiltert auf der Bühne ausstellen oder Erlebnisse aus ihrem Alltag eins zu eins abzubilden versuchen, sind sie von TV-Talkshows nicht mehr weit entfernt.

An dieser Stelle muss der Spielleiter seinen suchenden Helden etwas Schützendes mit auf den Weg geben, nämlich *Methoden zur Ästhetisierung*. Am Anfang kann die Einführung z.B. von »Freeze« (siehe S. 56), Standbildern und verschiedenen Spieltempi bereits völlig ausreichen. Wie im Märchen können unsere »Helden« damit zunächst wenig anfangen und bezweifeln den Sinn dieser rätselhaften Gabe. Es ist sinnlos, an dieser Stelle mit den Schüler/innen zu diskutieren, stattdessen sollen sie spielen: Anhand eines Beispiels aus den von ihnen genannten Themen (Ausgrenzung, familiäre Konflikte oder Ähnliches) sollen sie eine Szene unter Verwendung der eingeführten ästhetischen Mittel und eine Szene ganz nach eigenen Vorstellungen entwerfen.

Nun geschieht etwas Bemerkenswertes: Über die Methoden der Ästhetisierung geraten die Schüler/innen in – konstruktiven – Streit. Sie debattieren darüber, wie das theatrale Mittel eingesetzt werden muss, damit der Zuschauer ihr Anliegen versteht. Während sie mit der ersten Szene, in der sie versuchen sollen, ihre Realität eins zu eins abzubilden, in kürzester Zeit »fertig« sind, dauert die Arbeit an der ästhetisierten Szene deutlich länger. Über den Einsatz beispielsweise eines »Freeze« beginnen die Jugendlichen darüber nachzudenken, wo in ihrer Szene Schwerpunkte gesetzt werden müssen, und folglich auch darüber, mit welcher Begründung manches hervorgehoben bzw. betont werden muss. Diese Überlegungen und das Bemühen um eine Botschaft, die von Zuschauer/innen verstanden werden soll, führt zu einer wesentlich intensiveren Auseinandersetzung mit den ihrem Thema zugrunde liegenden Aspekten.

Über die »rätselhafte Gabe« des ästhetischen Mittels geraten die Schüler/innen in ihrer Problemfindung auf eine höhere Reflexionsebene, auf der sie sich abstrakt und nicht subjektiv mit ihrem Thema auseinandersetzen. Sie gehen Inhalten auf den Grund, spüren allen Facetten nach, weil sie klare Bilder suchen, die ein Publikum verstehen kann. Dieser Prozess wird auch maßgeblich dadurch vorangebracht, dass ihnen Sprache als verdeutlichendes Mittel nicht mehr – oder in sehr veränderter Funktion – zur Verfügung steht, was sich beim Ästhetisierungsprozess oft zwangsläufig ergibt (es gibt nicht mehr »die Mutter«, die reinkommt und sagt: »Das Essen ist fertig«).

Bei der späteren Beobachtung und Auswertung beider Szenenentwürfe sind die Schüler/innen überrascht: Die realistisch gespielte Szene erscheint ihnen nun im Vergleich langweilig, unverständlich und »irgendwie unprofessionell«, während die ästhetisierte Fassung sie durch ihre Klarheit beeindruckt. Die Jugendlichen können die dargestellten Inhalte – entgegen ihrer Erwartung – in der ästhetisierten Szene sehr viel deutlicher benennen und nachfühlen. Sie sind in höherem Maße angesprochen.

Über den Prozess der Ästhetisierung sind die Schüler/innen dem wahren Kern ihres Themas auf die Spur gekommen. Sie sind ihren wahren Empfindungen nicht nur nähergekommen, sie haben ihr Thema auch – durch den Diskurs auf einer höheren Reflexionsebene – in einen allgemeineren Kontext gestellt, der es ihnen ermöglicht, ihr ganz persönliches Thema objektiv zu betrachten, Bezüge herzustellen und dadurch sich selbst ernster und bewusster wahrzunehmen. Die zunächst notwendige Entfernung von ihrer privaten Befindlichkeit durch die Auseinandersetzung und den Einsatz ästhetischer Mittel hat ihnen die Bedeutung ihrer Inhalte in einem komplexeren Zusammenhang erst bewusst werden lassen.

Zusätzlich erkennen die Schüler/innen theatrale, ästhetisierende Mittel als Code, über den geschützt sie tiefste Empfindungen an ein Publikum transportieren können, ohne dabei konkrete Befindlichkeiten preisgeben zu müssen. Die klare ästhetische Form bietet ihnen Sicherheit. Geschützt durch den Code der theatralen Mittel sind die Schüler/innen eher bereit, intensiv zu agieren und Hemmschwellen zu überwinden. Die Botschaft aber, die beim Publikum ankommt, ist von Künstlichkeit, Befangenheit und Affektiertheit so sehr gereinigt, dass der authentische Kern mit großer Klarheit auf das Bewusstsein des Zuschauers treffen kann.

Über die Ästhetisierung hat bei den Schüler/innen also ein komplexer Prozess stattgefunden: Anfangs waren ihre Empfindungen diffus. Sie wussten, dass sie dem Publikum etwas über sich mitteilen wollten, auch, dass dieses Etwas von Belang war, aber im Grunde konnten sie das Etwas nicht wirklich benennen. Man kann das auch beobachten, wenn man Schüler/innen fragt, »wie sie etwas fanden«. Dann kommen oft Antworten wie »irgendwie gut«, »irgendwie traurig« oder Ähnliches. Wenn man aber genauer nachfragt, stellt man fest: Sie wissen gar nicht genau, warum etwas »irgendwie gut« oder »irgendwie traurig« ist. Ihr Eindruck ist intuitiv richtig, aber nebulös, ja naiv. Sie können ihr Gefühl nicht eindeutig definieren, nicht einordnen.

Die ästhetischen Mittel sind die Sprache, über die Schüler/innen sich der Dimension ihrer Themen überhaupt erst bewusst werden – so wie ein Mensch erst dann wahrnehmen kann, dass er Enttäuschung empfindet, wenn er das Wort »Enttäuschung« kennt. Über die bildhafte Sprache des Theaters entdecken die Schüler/innen den zugrunde liegenden Zusammenhang, können ihre Themen einordnen, Bezüge herstellen, ihre Gefühle und Gedanken auf einer komplexeren Ebene analysieren und darüber reflektieren. Über den scheinbaren Umweg der Auseinandersetzung mit der Kunstform Theater und über das Ausprobieren der ästhetischen Mittel entschälen sie ihr persönliches Thema Schicht um Schicht, bis sie beim Kern angelangt sind.

So findet der Held am Ende seiner langen Reise zu seinem instinkthaften Ursprung und damit zur Authentizität zurück – jedoch nicht mehr naiv und unbewusst wie am Anfang, sondern durch den Prozess gereift und sich seiner selbst bewusst geworden.

Die Schüler/innen des Theaterkurses der Anna-Siemsen-Hauptschule in Berlin-Neukölln haben inzwischen zahlreiche Theaterproduktionen erfolgreich auf der Bühne präsentiert. Drei ihrer Produktionen wurden mit Preisen ausgezeichnet.

In ihrem privaten Umfeld sind sie extremen Belastungen ausgesetzt. Die Auswirkungen sind unter anderem starke Konzentrationsschwierigkeiten und mangelndes Selbstbewusstsein. Durch die beschriebenen Theaterprozesse werden diese Probleme sichtbar reduziert.

Die Schüler/innen verfügen über ein hohes intuitives und kreatives Potenzial. Mithilfe der Theaterarbeit besteht die Möglichkeit, dieses freizulegen und (für die Schüler/innen selbst!) nutzbar zu machen. Dies kann ein wesentlicher Schritt auf dem Weg zu einem selbstbestimmteren Leben sein.

Das biografische Theater lässt sich in zwei verschiedene Formen einteilen:

Zwei Formen des biografischen Theaters

- *Freie biografische Eigenproduktion:* Alle Inhalte des Stückes basieren auf Gedanken, Gefühlen, Lebenserfahrungen der Spieler/innen.
- *Textgebundene biografische Eigenproduktion:* Die biografischen Inhalte der Spieler/innen werden in Bezug gesetzt zu einem Thema, einer literarischen oder dramatischen Vorlage, einem Gedicht oder einem anderen fremden Text.

Die im fünften Modul S. 128ff. beschriebene Produktion basiert auf dem zweiten Ansatz. Es handelt sich dabei um eine textgebundene, biografische Eigenproduktion. Als Vorlage diente das Höhlengleichnis von Platon.

Über die Haltung des Spielleiters[2]

Häufig wird beklagt, dass Darstellendes Spiel in der Sekundarstufe, besonders in der Sekundarstufe I, nicht erfolgreich umgesetzt werden kann, weil die Jugendlichen durch Verhaltensauffälligkeiten, Konzentrationsmangel und destruktive Arbeitshaltung die Umsetzung des methodisch-didaktischen Konzepts und damit eine erfolgreiche Arbeit verhindern. Das ist falsch.

Wahr dagegen ist: Darstellendes Spiel in der Sekundarstufe scheitert nicht an den entwicklungspsychologischen Ausgangsbedingungen der Jugendlichen und auch nicht am methodisch-didaktischen Konzept, sondern an einer seitens der Spielleitung *falsch verstandenen Auffassung der beruflichen Aufgabe* (»job description«). Nicht die Haltung der Jugendlichen verhindert erfolgreichen Unterricht, sondern die Haltung des Spielleiters bzw. der Spielleiterin.

Dies lässt sich im Unterrichtsalltag immer wieder beobachten. Ich möchte im Folgenden drei beispielhafte Spielleiterhaltungen beschreiben, die sich destruktiv auf den Arbeitsprozess auswirken. Ich denke, dass wir alle Teile dieser Haltungen, mal mehr und mal weniger ausgeprägt, in uns tragen, uns dessen aber oft nicht ausreichend bewusst sind.

1. Die Opferhaltung

- *Der Spielleiter nimmt eine Opferhaltung ein:* Angesichts der »schwierigen Unterrichtssituation« (unkonzentrierte, lernunwillige, störende Jugendliche etc.) verfällt er in Selbstmitleid und Eskapismus (»wäre ich doch an einer anderen Schule, wo lernwillige, wohlerzogene Kinder sind, das ist ja hier wie Perlen vor die Säue werfen …).

2. Pädagogische Instrumentalisierung

- Der Spielleiter betrachtet seine Theaterarbeit mit den Jugendlichen als *pädagogisches Programm zur Verbesserung zahlreicher Verhaltensweisen seiner Schüler.* Dies bedeutet nichts anderes als eine Instrumentalisierung des Faches für pädagogische und/oder psychologische Zwecke: Die Schüler/innen sollen Teamgeist entwickeln, weni-

2 Bei diesem Kapitel handelt es sich um die schriftliche Fassung eines Impulsreferats zum Thema »Theaterunterricht in der Sekundarstufe I«, gehalten am 22. November 2007 auf der »Zentralen Arbeitstagung Darstellendes Spiel« in Soest.

ger gewaltbereit, kommunikativer, sozialer und im Großen und Ganzen »bessere Menschen« werden.

3. Der Spielleiter als Regisseur

- *Der Spielleiter sieht sich selbst als Regisseur und Künstler.* Seine Schüler/innen werden zu »Ausführenden« seiner heimlichen Ideen und Visionen. Die Jugendlichen werden für die Kompensation eines gescheiterten Lebenstraumes des Lehrers (»eigentlich wollte ich Regisseur werden«) instrumentalisiert und somit missbraucht.

1. Zur Opferhaltung

Wir lieben unser Fach. Wir wollen es gut machen. Wir sind vorbereitet. Aber irgendetwas läuft schief. Von Anfang an.

Die Schüler/innen wollen sich nicht auf den Boden legen, weil dann ihre Klamotten dreckig werden. Die Schüler/innen wollen auf keinen Fall ihre Schuhe ausziehen, denn ihre Füße könnten stinken. Die Schüler/innen wollen auch keine albernen Warm-ups machen, denn sie wollen ja »richtig« Theater spielen und nicht »solche schwulen Spiele« machen. Die Schüler/innen wollen auch nicht leise sein oder sich konzentrieren. Es scheint so, als seien sie nur gekommen, um anderen, anstrengenderen Fächern zu entgehen, um sich hier so richtig gehen zu lassen: Gekicher, Gekreische, Geschubse, Geprügel …

Was denken wir als Spielleiter eigentlich, wenn wir uns mit dieser Situation konfrontiert sehen? Ist es vielleicht Folgendes:

> »Was mache ich hier eigentlich? Die verstehen doch gar nicht, worum es geht. Die sind zu unsensibel, zu unreif, zu blöd …«

Oder ist es eher dies:

> »Die wollen mich provozieren. Denen geht es nur darum, mich zu ärgern. Diese Schüler sind richtig bösartig …«

Oder ist es das:

> »Es ist völlig sinnlos, mit diesen emotional verwahrlosten Wesen etwas so Anspruchsvolles zu versuchen. Die sind primitiv und unfähig, den Wert von künstlerischer Arbeit zu begreifen, geschweige denn ihn wertzuschätzen. Sowohl dieses Fach als auch ich selbst bin mir zu schade, um mich hier so demütigen zu lassen … Das Ganze ist wie Perlen vor die Säue werfen …«

Oder dies:

> »Diese Arbeit ist unter meinem Niveau. Wenn ich nette, kluge Schüler hätte, dann könnte ich so tolle Sachen machen, aber so …?«

Oder dies noch:

> »Ich verachte mich selbst, weil ich im Leben so gescheitert und als jämmerlicher Lehrer geendet bin. Andere haben was aus ihrem Leben gemacht, aber ich muss mir das hier noch jahrzehntelang antun. Keiner würdigt meine Arbeit, ich bin der Fußabtreter für alles und muss mir auch noch jeden Tag diese frechen Gören gefallen lassen …«

So oder so ähnlich könnten unsere Gedanken verlaufen. Obwohl wir sie nicht aussprechen, schaufeln wir uns mit diesen Gedanken unser eigenes Grab. Denn wir können uns sicher sein, dass sich diese innere Haltung auf unsere Körpersprache auswirkt. Und nicht nur das. Letztendlich verlieren wir die Kontrolle über unsere Signale und Impulse, und damit über das, was wir an die Umwelt, in diesem Falle an die Jugendlichen, aussenden.

Was wir denken, wirkt sich auf unser Verhalten aus, ob wir es wollen oder nicht. Dies wiederum hat Konsequenzen für den gesamten Verlauf des Unterrichtsprozesses, denn es wirkt sich direkt auf das Verhalten der Jugendlichen aus. Diese spüren unsere Haltung. Alles, was wir an Signalen senden, wird von diesen »Beobachtungsexperten« gespiegelt. Diesen Vorgang beschreibt Joachim Bauer (2007, S. 25) folgendermaßen:

> »Mitte der 90er-Jahre konnte ein automatisch und ohne bewusstes Nachdenken arbeitendes neurobiologisches System nachgewiesen werden, dessen einziger Zweck darin besteht, beobachtetes Verhalten anderer Menschen im Gehirn des Beobachters zu simulieren, also auf eine stumme Art ›nachzuspielen‹. Handlungen, Empfindungen, Gefühle, Stimmungen, alles, was uns andere vormachen oder zeigen, wird im Gehirn des beobachtenden Menschen – gleichsam wie in einem Spiegel – leise nachgeahmt.«

Die Jugendlichen »wissen« intuitiv, was wir über sie denken. Und sie fühlen sich abgewertet. Ihr in dieser Phase des Lebens ohnehin wankendes Selbstwertgefühl sinkt in den Keller. Sie fühlen sich abgelehnt und reagieren dementsprechend ablehnend. Ihre vielfältigen Störungen sind vielfältige Variationen der einen Botschaft: »Du kannst uns auch mal …« Dies ist eine Situation, die Lernen unmöglich macht, da seitens der Jugendlichen keinerlei Motivation vorhanden ist. Dazu Joachim Bauer (2007, S. 19):

> »Neueste neurobiologische Studien zeigen: Entscheidende Voraussetzungen für die biologische Funktionstüchtigkeit unserer Motivationssysteme sind das Interesse, die soziale Anerkennung und die persönliche Wertschätzung, die einem Menschen von anderen entgegengebracht werden.«

Wenn wir also nicht in der Lage sind, den Jugendlichen ehrliche Wertschätzung, Interesse, Neugier, Sympathie entgegenzubringen, müssen wir uns nicht wundern, wenn wir scheitern.

Wir müssen einsehen, dass das Verhalten der Jugendlichen in den seltensten Fällen persönlich gemeint ist, dass es vielmehr verschiedene *ernst zu nehmende* Gründe für dieses Verhalten gibt: entwicklungspsychologische Voraussetzungen; schlechte, teilweise traumatisierende Erfahrungen mit wichtigen Bezugspersonen; Verlusterfahrungen; belastende private Situationen; Häufung von demütigenden Erfahrungen in der Schule und so weiter. Deshalb *können* die Jugendlichen sich oft nicht anders verhalten, als sie es tun. Jemanden, der sich das Bein gebrochen hat, würden wir ja auch nicht die Straße entlanghetzen, dabei »Schneller! Schneller!« rufen und dann darüber empört sein, dass er nicht ankommt …

Es geht hier nicht darum, das Verhalten der Jugendlichen zu rechtfertigen oder zu entschuldigen. Es geht ausschließlich darum, es zu verstehen. Denn das ist für uns ein erster Schritt, unseren inneren Frust zu überwinden und Kraft zu sammeln, konstruktiv auf schwierige Situationen zu reagieren.

Wenn ein Lehrer die Erwartungshaltung seiner Schüler/innen durchbricht, indem er freundlich und geduldig ist, so braucht er dabei einen langen Atem und darf nicht gleich aufgeben, wenn nicht sofort die erwünschten Reaktionen aufseiten der Jugendlichen eintreten. Er darf sich nicht wie ein Verlierer fühlen, nur weil die Erfolge nicht sofort eintreten oder weil die Kolleginnen und Kollegen lästern, er wolle sich bei den Schülern »einschleimen« oder könne sich ja nicht durchsetzen. Er muss sich auch nicht von den Schüler/innen »verarscht« fühlen und deshalb hart durchgreifen, denn damit würde er seinen Gegnern nur in die Hände spielen. Denn die Schüler/innen trauen dem Braten erst mal nicht und ziehen noch eine ganze Weile alle destruktiven Register, um sich selbst zu beweisen, dass ihre Erwartungshaltung richtig ist, auch dieser Erwachsene wieder die Nerven mit ihnen verlieren, sie aufgeben wird …

Aber in Wirklichkeit hoffen sie auf das Wunder. Sie hoffen, dass genau diese Lehrerin oder dieser Lehrer sie erkennt, sie durchschaut und sie dann dennoch liebt und für sie kämpft. Sie hoffen, dass sie verstanden und angenommen werden. Sie hoffen, dass dieser Lehrer kein Verlierer, kein »Opfer« ist. Denn sie brauchen jemanden, den sie bewundern und gleichzeitig bekämpfen können. Sie brauchen jemanden, an dem sie sich orientieren können, jemanden, den sie lieben können und von dem sie »zurückgeliebt« werden.

Anfangs werden wir von ihnen nicht persönlich als Mensch wahrgenommen, sondern in unserer Rolle als Lehrer/in. Wir müssen zunächst eine Art Durststrecke überstehen, bis wir ihr Vertrauen gewonnen haben. Während dieser Durststrecke sind wir am anfälligsten dafür, in Selbstmitleid zu verfallen und eine Opferhaltung einzunehmen: »Ich gebe mir doch so viel Mühe, aber mit diesen Schüler/innen geht es eben nicht …«

Selbstmitleid hilft uns aber nicht weiter und auf Dauer verlieren wir nur immer mehr Kraft und Lust zu arbeiten. Auf Dauer macht die Opferhaltung sogar krank, weil sie bei den Jugendlichen wiederum zunehmend abwehrendes Verhalten auslöst. Deswegen ist es für uns selbst besser, die Situation zu objektivieren und anzuerkennen, dass wir mehr Geduld, mehr Kraft und mehr Professionalität aufbringen müssen als der Durchschnittsmensch. Denn die Situation ist so, wie sie ist. Und sie erfordert überdurchschnittliche Geduld, überdurchschnittlichen Optimismus und eine nahezu »buddhistische« innere Haltung. Wenn wir uns das klarmachen, und unsere Aufgabe mit einer professionellen Haltung annehmen, geht es uns besser.

Das heißt: Wir müssen die Ausgangsbedingungen hinnehmen, wie sie nun einmal sind, die Faktoren analysieren und eine entsprechende Lösung dafür finden, so schwer das auch erscheinen mag. Denn das ist unser Job. Sich hingegen selbst zu bemitleiden und den ungezogenen Schüler/innen, den verantwortungslosen Eltern, den bösen Politikern oder sonstwem die Schuld zu geben, ist nicht nur sinnlos, sondern vor allem unprofessionell.

Letztendlich sind wir Personen, die in Krisengebiete geschickt werden und unlösbare Aufgaben gestellt bekommen, von denen eigentlich niemand ernsthaft glaubt, dass sie überhaupt gelöst werden können. Das haben wir mit Filmhelden wie Bruce Willis in »Stirb langsam« oder mit McGyver gemeinsam. Aber haben wir diese Helden jemals jammern hören? Es ist ihr Job, die Welt zu retten, also gehen sie ans Werk. Dafür sind sie da. Und je schwieriger die Bedingungen, je aussichtsloser ihre Situation und je abenteuerlicher ihr Kampf ist, desto größer ihr Renommee. Sie werden angeschossen, fallen aus großen Höhen, werden verprügelt oder gefoltert, entwickeln unglaubliche Kreativität im Überleben und kommentieren dies mit lakonischen Sätzen wie »War nur ein Kratzer …«. Was auch immer wir von amerikanischen Action-Helden halten mögen: Von ihrer Haltung ihrem »Job« gegenüber können wir – mit einem Augenzwinkern – tatsächlich eine Menge lernen. Das nächste Mal, wenn Sie sich wieder in einer unmöglichen Situation im ganz normalen Schulwahnsinn befinden: Denken Sie an den Film »Stirb langsam« – es hilft bestimmt.

Im Übrigen würde das auch unseren arg gebeutelten Ruf in der Gesellschaft aufbessern. Denn wer mag schon Menschen, die ständig jammern? Selbst wenn die Gründe dafür noch so berechtigt sind – das Jammern will niemand hören. Ein Mensch dagegen, der auch unter unmöglichsten Bedingungen unbeeindruckt vom ganzen Gewese bleibt und entgegen aller Erwartungen immer weiter nach Lösungen sucht, erntet Bewunderung. Abgesehen davon ist diese Haltung auch gut für das eigene Selbstwertgefühl: nicht »Ich bin nur Lehrer«, sondern »Ich bin Profi auf diesem Gebiet!«. Welche konkreten Dinge können wir tun, um mehr der Profi als der frustrierte Lehrer zu sein?

> »Die Unterrichtssituation ist heute vielfach in keiner Weise mehr formatiert. Lehrkräfte wenden den größten Teil ihrer Energie dafür auf, erst einmal eine Situation herzustellen, in der Unterricht überhaupt möglich ist. Gelingende Beziehungsgestaltung ist die zwingende Voraussetzung für den schulischen Bildungsprozess, sie ist der unabdingbare Transfusionskanal, über den Bildungsinhalte die Schüler erreichen können« (Bauer 2007, S. 15).

Bevor wir also mit Jugendlichen überhaupt irgendwelche Unterrichtskonzepte umsetzen können, müssen wir eine Beziehung zu ihnen herstellen. Das heißt: Wir müssen sie kennenlernen. Dies funktioniert im »normalen« Unterricht kaum. Denn die Unterrichtssituation bringt die festgefahrenen Rollenmuster zutage: der Lehrer – die Schüler/innen. Mit allen eingeübten Verhaltensmechanismen, die das zur Folge hat.

Als Theaterlehrer/in hat man vielleicht eine Vielzahl wirklich unterhaltsamer Spiele gelernt. Vielleicht erinnert man sich aber auch einfach an seine Kindheit. Die alten Spiele funktionieren noch immer. Zum Beispiel Verstecken: Erst, wenn man kreischend und kurzatmig vor Lachen zwischen den Autos eines Parkplatzes herumtobt, hat man eine Vorstellung davon, was eine Beziehung auf Augenhöhe mit den Jugendlichen bedeutet. Damit fängt es an. Alle Spiele, Ausflüge und Unternehmungen, die uns den Jugendlichen näherbringen, erleichtern den späteren Arbeitsprozess. Bevor wir uns also in der Schule treffen, um zu arbeiten, sollten wir erst mal zusammen draußen Fußball spielen.

Beziehung auf Augenhöhe

Wenn wir uns dabei »zum Affen machen«, umso besser. Wir müssen keine Angst haben, dass wir dabei an Autorität verlieren. Denn nicht die Hochstatus-Spieler erzielen den größten Respekt bei den Jugendlichen, sondern die Statuswechsler. Keith Johnstone beschreibt in seinem Buch »Improvisation und Theater« (2002, S. 55f.) drei Typen von Lehrer/innen:

> »Ich erinnere mich an einen Lehrer, den wir mochten, der aber die Disziplin nicht aufrechterhalten konnte. Der Schulleiter ließ durchblicken, dass er ihn gerne entlassen würde. Wir beschlossen, uns besser zu benehmen. In der nächsten Stunde saßen wir etwa fünf Minu-

ten lang mucksmäuschenstill, dann fing einer nach dem anderen an, Blödsinn zu treiben – die Jungen sprangen über die Tische, Acetylengas explodierte im Waschbecken und so weiter. [...] Ein anderer Lehrer war allgemein unbeliebt, er strafte nie und führte trotzdem ein unbarmherziges Regime. Auf der Straße lief er zielstrebig ausschreitend, die Leute mit Blicken durchbohrend. Obwohl er keine Strafen verhängte oder auch nur androhte, hatten wir schreckliche Angst vor ihm. Scheu malten wir uns aus, wie furchtbar das Leben seiner eigenen Kinder erst sein müsste.

Der dritte Lehrer, der sehr beliebt war, strafte nie und hielt dennoch die Disziplin ausgezeichnet aufrecht. Dabei blieb er sehr menschlich. Er trieb Späße mit uns und stellte gleich darauf auf unerklärliche Weise die Ruhe wieder her. Auf der Straße ging er aufrecht, doch locker, und er lächelte oft. [...]

Heute glaube ich, dass der unfähige Lehrer Tiefstatus spielte: Er war nervös, machte viele unnötige Bewegungen, lief beim kleinsten Ärger rot an und wirkte im Klassenzimmer wie ein Eindringling. Der Lehrer, vor dem wir Angst hatten, war ein zwanghafter Hochstatus-Spieler. Der dritte war ein Status-Experte, mit großem Geschick hob und senkte er seinen Status. Der Spaß, den es Schülern macht, ungezogen zu sein, rührt zum Teil daher, dass sie damit beim Lehrer Veränderungen des Status bewirken. Alle Streiche dienen dazu, den Status des Lehrers herabzusetzen. Der dritte Lehrer wurde mit jeder Situation leicht fertig, weil er zunächst seinen Status veränderte.«

Lehrer/innen als Status-Experten

Wenn es uns gelingt, »Status-Experten« zu werden, wird unsere Unterrichtssituation wesentlich einfacher. Wir haben dann sogar Spaß. Allerdings gehören Mut und Ausdauer dazu, sich diese Fähigkeit anzutrainieren. Zunächst einmal müssen wir uns bewusst machen, wann wir überhaupt welchen Status spielen: In welchen Situationen spielen wir Hochstatus, wann gibt es in unserem Alltag typische Situationen, in denen wir in den Tiefstatus gehen? Bevor wir bewusst den Status wechseln können, braucht es einiges an Übung. Es ist aber höchst spannend, sich selbst unter diesem Aspekt im Alltag zu beobachten. Hierzu sind in dem erwähnten Buch »Improvisation und Theater« von Keith Johnstone weitere Anregungen zu finden.

Zusammenfassung

Statt in schwierigen Situationen in Selbstmitleid zu verfallen, sollten wir unsere Haltung unserer beruflichen Aufgabe gegenüber professionalisieren und uns selbst als Experten bzw. Profis betrachten, die in »Krisengebiete« geschickt werden, weil es außer uns sonst keinen gibt, der diese Situation meistern kann. Wir sollten versuchen, unsere Schüler/innen so gut kennenzulernen, dass wir sie zwangsläufig lieb gewinnen. Auch dann, wenn es uns einige von ihnen noch so schwer machen. Sich über Schüler/innen zu ärgern kostet Energie, die wir genauso gut dafür verwenden können, ihre liebenswerten Seiten zu finden. Dadurch wird es auch für uns auf Dauer wesentlich einfacher.

2. Der Spielleiter als Therapeut

Die positiven Wirkungen von Theaterunterricht auf die Persönlichkeitsentwicklung von Jugendlichen ist allseits bekannt. Auch dass durch Theaterspielen Schlüsselkompetenzen erworben werden, die für eine erfolgreiche Integration in unsere Gesellschaft unverzichtbar geworden sind, ist nicht neu. Und dass Theaterspielen oft eine therapeutische Wirkung hat, ist auch unumstritten. Über die positiven »Nebeneffekte« des Theaterunterrichts sind bereits viele Bücher und Studien veröffentlicht worden, sodass hier nicht weiter darauf eingegangen werden muss.

Dennoch dürfen wir als Theaterlehrer/innen nicht vergessen, dass all diese Wirkungen nicht das alleinige Ziel unserer Arbeit sind. Das Ziel ist ein ästhetischer Bildungsprozess, durch den die anderen positiven »Nebeneffekte« überhaupt erst ausgelöst werden.

Wenn wir aber beispielsweise Theaterunterricht als Mittel zur Gewaltprävention betrachten, wird ein ästhetischer Reifeprozess bei den Jugendlichen verhindert. Ein Spielleiter, der das Fach Theater unterrichtet, um aus seinen Schülern »bessere Menschen« zu machen, erklärt sie unbewusst zu »Patienten«, deren »Defekte« behoben werden sollen. Dies ist aber ein denkbar schlechter Ausgangspunkt für jegliche kreative Arbeit, weil darin bereits eine überhebliche Haltung mitschwingt, die von den Jugendlichen wiederum erspürt wird.

Jugendliche wollen von ihren Lehrern nicht »therapiert« werden. Sie wollen professionell behandelt und ernst genommen werden. Wenn sie zum Theaterunterricht kommen, wollen sie Theater spielen und nicht an einem pädagogischen Programm teilnehmen.

Es macht einen Unterschied, ob wir unsere Schüler/innen als potenzielle Künstler betrachten, deren Ideen eventuell sogar besser sein könnten als unsere eigenen, oder ob wir sie als problematische, unfertige Individuen sehen, die noch irgendwie »verbessert« werden müssen.

Fraglos befinden sich die Schüler/innen in einem noch »unfertigen« Entwicklungszustand – aber wir selbst hoffentlich auch! Wir leben schon ein paar Jahre länger und haben daher vielleicht ein bisschen mehr Erfahrung und Wissen angesammelt, aber dafür haben die Jugendlichen eine viel größere Spontaneität und Ehrlichkeit. Ihre Fantasie bewegt sich noch nicht so sehr auf festgefahrenen Bahnen, wie es bei uns leider der Fall ist.

Theater ist ein künstlerisches Fach, das neben dem theoretischen Handwerkszeug insbesondere ein starkes kreatives Element beinhaltet. Man kann aber nur dann kreativ sein, wenn man sich selbst ernst nimmt. Genau das fällt den Jugendlichen in dieser Entwicklungsphase schwer, und es wird noch schwerer für sie, wenn ihre Lehrer/innen sie in dieser inneren Unsicherheit unterstützen, indem sie durchblicken lassen, dass Theater sie »verbessern« soll.

Auch setzen wir bei unserer Arbeit unbewusst falsche Schwerpunkte, wenn wir das Fach »pädagogisieren«. Wir sind den Jugendlichen eine professionelle Haltung zu den Inhalten des Fachunterrichts schuldig. Die Schüler/innen wollen »richtig« Theater spielen, sie wollen, dass es um die Sache geht und dass sie auf ihre Ergebnisse stolz sein können. Sie wollen wissen, was ein »Sehr gut« ist und was nur ein »Befriedigend«. Sie wollen einen gerechten Bewertungsmaßstab und nicht ein Sternchen, weil sie etwas »schon ganz fein« gemacht haben.

Wieder sollten wir uns klarmachen, dass die Schüler/innen nicht dumm sind. (Es ist erschreckend und zugleich sehr komisch, wenn man einmal gesehen hat, wie genau Jugendliche einen Sozialpädagogen nachmachen können. Oder auch ein Gespräch mit dem Therapeuten …) Sobald sie spüren, dass man als Lehrer/in bewusst eine Methode anwendet, um die Jugendlichen zu einem bestimmten Verhalten zu erziehen, weichen sie auf ihre angelernten Verhaltensmuster aus, die allesamt nichts mit geistigem Fortschritt zu tun haben. Das gesamte kreative Potenzial liegt brach.

Deutlich wird diese fatale Wirkung bei der Präsentation einer Theateraufführung: Eine Gruppe, die nur damit beschäftigt war, »pädagogisch wertvolle« Spielchen zu spielen, präsentiert auf der Bühne unter ästhetischen Gesichtspunkten minderwertige Ergebnisse, die den wirklichen Fähigkeiten der Jugendlichen nicht entsprechen. Das sind dann diese unsäglich langweiligen, bemühten Aufführungen, bei denen am Ende jeder höflich klatscht, weil die Schüler/innen sich ja so viel Mühe gegeben haben … Das Fatale daran ist, dass man die Jugendlichen so um eine wirkliche Leistung betrügt.

Die Aufgabe des Spielleiters

Die Aufgabe des Spielleiters besteht nicht darin, das soziale Verhalten seiner Schüler zu verbessern – das passiert während des professionellen Theaterunterrichts von selbst. Die Aufgabe des Spielleiters besteht darin, die ihm anvertrauten Jugendlichen durch einen künstlerisch-ästhetischen Reflexionsprozess in die Lage zu versetzen, sich aus ihrer bloßen Befindlichkeit zu befreien, und ihnen zu ihrer persönlichen, individuellen Stimme innerhalb des gesellschaftlichen Kontextes zu verhelfen.

Der Theaterunterricht soll die Jugendlichen Schritt für Schritt dazu befähigen, ihre individuelle Stimme mithilfe eines Abstraktionsprozesses durch eine klare künstlerische Form in eine allgemeingültige Botschaft zu verwandeln, die von einem Publikum sowohl objektiv als auch subjektiv nachvollzogen werden kann – und dies unter den Bedingungen, die der Spielleiter vorfindet! All dies ist möglich,

- wenn wir die Jugendlichen ernst nehmen,
- wenn wir den Jugendlichen unseren Erfahrungsschatz und unser Wissen als Hilfsmittel zur Verfügung stellen, damit sie diese für ihre eigenen Erkenntnisprozesse nutzen können,
- wenn wir *wirklich* darauf vertrauen, dass die Jugendlichen Qualitäten besitzen und so manches besser können als wir.

Zusätzlich ist es wichtig, dass wir den Fachanspruch nicht aus den Augen verlieren und deutlich Qualität einfordern. Dies muss auf liebevolle und anerkennende Art geschehen (vgl. »Feedback-Verfahren« und »Präsentation und Auswertung«, S. 59ff.). Es ist grundsätzlich besser, die Jugendlichen zu überfordern als sie zu unterfordern. Denn meistens beruht unsere (zu geringe) Einschätzung ihrer Fähigkeiten und damit ihre ständige Unterforderung auf einem Missverständnis:

Worte haben Wirkung!

Unsere Wortwahl suggeriert den Schüler/innen, dass sie nicht begabt genug seien, dass etwas zu schwer für sie sei. Wie oft sagen wir Dinge wie »Das habe ich doch schon dreimal erklärt!«. Dieser Satz, der aus unserer Sicht harmlos erscheint, hat eine völlig destruktive Wirkung! Der betreffende Schüler geht nach einem solchen Satz davon aus, dass sein Lehrer ihn entweder für dumm hält oder für jemanden, der nicht zugehört hat, also für jemanden, der sich offensichtlich nicht konzentrieren kann.

Stellen Sie sich vor, Ihr Vorgesetzter sagt Ihnen: »Das habe ich Ihnen doch schon dreimal erklärt!« Seien Sie ehrlich mit sich selbst: Wie fühlt sich das an? Sind Sie jetzt motiviert, neue gewagte Vorschläge zu machen, die Initiative zu ergreifen, Verantwortung zu übernehmen? Wir alle haben den Mechanismus in uns, unangenehmen Szenen auszuweichen. Wenn wir fürchten müssen, dass wir in großer Runde abgewertet werden, wenn wir das Wort ergreifen, lassen wir es lieber bleiben und halten den Mund.

Jugendliche aber wollen eigentlich unbedingt Aufmerksamkeit und Anerkennung. Wenn sie die nicht über ihre Leistung erhalten, versuchen sie es über destruktives, störendes Verhalten und darüber, dass sie die Inhalte des Unterrichts lächerlich machen – nach dem Motto: »Wenn ich in diesem Spiel in der Meinung des Lehrers der Trottel bin, muss ich versuchen, meinen Status innerhalb der Gruppe dadurch wieder zu heben, dass ich das Spiel selbst als lächerlich und unwichtig entlarve.« Das ist eigentlich ein schlauer Trick und erfordert seitens des Jugendlichen auch Kreativität und Energie. Besser wäre es aber, wenn die verwendete Energie den Unterrichtsinhalten und einem produktiven Lernprozess zugute käme.

Auch wenn wir es nicht gerne hören wollen: Unsere Wortwahl im Unterricht wirkt auf unheimliche Weise auf das Niveau. Wir selbst erzeugen ein niedriges Unterrichtsniveau, wenn wir achtlos mit unseren Worten umgehen. Es macht Sinn, seine Sprache bewusst anerkennender, respektvoller und motivierender zu gestalten. Tatsächlich leisten die Jugendlichen wesentlich mehr, wenn sie merken, dass wir eine Höchstleistung bei ihnen für möglich halten. Eine fachliche Leistung ernsthaft einzufordern und seine Schüler/innen immer wieder ernsthaft zu ermutigen ein Ziel zu erreichen, bewirkt fast immer eine viel produktivere Entwicklung bei den Jugendlichen, als ein »pädagogischer Trick«.

Um fachlich auf dem Laufenden zu sein und den Jugendlichen wirklich etwas bieten zu können, sollten wir uns selbst weiter fortbilden – und zwar sowohl fachlich als auch menschlich. Das muss nicht nur in Fortbildungsveranstaltungen stattfinden. Viel wichtiger ist es, dass wir uns für die Sache, in diesem Fall für das Theaterspiel, wirklich interessieren und uns selbst weiterentwickeln. Je mehr wir an uns selbst arbeiten und unser Engagement für das Fach zeigen, desto überzeugender wirken wir natürlich auch auf die Jugendlichen.

Und noch ein letzter Gedanke: Wir bewegen uns als Lehrer/innen grundsätzlich in einem völlig anderen sozialen und kulturellen Umfeld als unsere Schüler/innen. Das, was man kennt, hält man automatisch für richtig. Was uns an den Jugendlichen »nervt« oder fremd erscheint, muss aber nicht unbedingt falsch sein. Wir sollten uns klarmachen, dass wir so manche Verhaltensweise einfach deshalb nicht verstehen, weil wir sie aufgrund unserer eigenen Sozialisation nicht nachvollziehen können. Ständig damit beschäftigt zu sein, die Jugendlichen »verbessern« zu wollen oder sie auf den »richtigen Weg« zu bringen, kann auch krank machen.

Natürlich wollen wir sie auf einen »guten Weg« bringen. Aber wir sollten das nicht ständig denken und uns darüber aufregen, wenn es wieder mal nicht so klappt, wie wir uns das vorgestellt haben. Für uns selbst ist es sehr viel angenehmer, uns auf unser fachliches Ziel zu konzentrieren, Leistungen konsequent einzufordern und dabei ein menschliches Vorbild zu sein. Denn wen die Schüler lieben, dem folgen sie.

Darum sollten wir uns unserer Verantwortung bewusst sein und ihnen das vorleben, was wir selbst von ihnen erwarten: Wir können kein perfekter Mensch sein, aber wir können ihnen vorleben, wie wir mit Krisen umgehen, wie wir auf Kritik reagieren, wie wir uns um Lösungen bemühen und nicht gleich aufgeben.

Und: Wenn wir wollen, dass unsere Schüler/innen im Gespräch zuhören und niemanden unterbrechen, dann sollten wir ihnen vorher tausendmal ernsthaft und interessiert zugehört haben. Wenn wir wollen, dass sie respektvoll miteinander umgehen und sich gegenseitig ernst nehmen, dann sollten wir ihnen vorher tausendmal deutlich Respekt entgegengebracht haben. Die seltsame Forderung »Die Jugendlichen sollen zuerst den Erwachsenen gegenüber Respekt zeigen« halte ich für unsinnig: Woher sollen sie es denn gelernt haben, wenn es ihnen niemand vorgelebt hat? – Das alles ist absolut selbstverständlich – aber es kann im Alltag manchmal hilfreich sein, sich diese Dinge besonders bewusst zu machen.

Zusammenfassung

Solange wir denken, dass die Jugendlichen »verbessert« werden müssen, bessern sie sich nicht. Denn in diesem Gedanken schwingt eine Überheblichkeit mit, die von den Jugendlichen empfunden wird und ihre Motivationssysteme lahmlegt.

Wir sollten Theater nicht als pädagogisches Programm instrumentalisieren, sondern unseren Schwerpunkt auf eine kontinuierliche fachbezogene Leistungssteigerung setzen. Wenn wir den Jugendlichen Leistungen zutrauen, können sie über sich selbst hinauswachsen. Wenn sie spüren, dass sie tatsächlich etwas lernen und leisten, stellen sich die gewünschten »pädagogischen Effekte« von selbst und viel nachhaltiger ein, als wenn sie durch »Tricks« herbeigeführt werden sollen.

Der Theaterlehrer – und eigentlich jeder Lehrer – sollte menschliches Vorbild sein. Das heißt nicht, dass er sich als »Prinzipienmaschine« präsentieren soll, ganz im Gegenteil: Mit all seinen Schwächen und Stärken wird er für die Jugendlichen erst fassbar und verständlich. Wie er mit Fehlern und Krisen umgeht, schauen sich die Schüler/innen ab. Was wir von den Schüler/innen erwarten, müssen wir zunächst einmal glaubhaft vorleben.

Wir sollten als Lehrer/in und als Mensch ständig darum bemüht sein, uns weiterzuentwickeln – als Mensch, damit wir andere Lebenswelten begreifen und nachvollziehen können, als Lehrer/in, damit wir unseren Schüler/innen fachlich wirklich etwas »bieten« können.

3. Der Spielleiter als Regisseur

Dieser Schwäche verfallen wir meistens dann, wenn wir mit unserer Arbeit Erfolg haben und schon mehrere Projekte gut gelaufen sind – und wenn wir ein kreativer Mensch sind:

> Wir gehen oft ins Theater, wir kennen die Theaterlandschaft in Deutschland. Wir haben Bilder, Visionen im Kopf. Wir denken: Das kann ich doch auch mal mit den Schülern machen! Wir brüten abends mit rotem Schal und einer Flasche Rotwein über unserem »Konzept« und malen uns aus, was für eine wunderbare Aufführung

das werden kann und wie begeistert alle sein werden. Und wie wir dann – bewusst um Understatement bemüht – die Lobpreisungen der anderen Theaterkollegen entgegennehmen. Natürlich nicht der Kolleginnen und Kollegen an der Schule, nein, die verstehen ja nichts davon, sondern die Lobpreisungen der ausgebildeten Theaterkollegen, die unser »Werk« beurteilen können und die wir seit Jahren auf den Theaterfestivals treffen.

Wir wissen einfach, dass unsere Visionen und Ideen – natürlich! – viel besser und weitreichender sind als die unserer Schüler/innen. Das ist ja auch nur zu verständlich bei all unserer Bildung, Erfahrung und kulturellen Aufgeschlossenheit. Bei all unseren Kontakten zur Theaterwelt. Und letztendlich haben wir eben auch ein »Händchen« dafür ...

Im Grunde denken wir, wir hätten auch Regisseur werden können. Nun ja, wir sind leider nur Lehrer geworden, aber durch unsere ehrgeizigen Theaterprojekte und unser ständiges künstlerisches Engagement wird der Welt schon auffallen, dass wir eigentlich gar keine »richtigen« Lehrer, sondern Künstler sind.

Das einzige, was manchmal hinderlich ist, sind die Schüler/innen. Da findet man so selten eine richtige Begabung! Meistens müssen wir uns mit dem Mittelmaß zufriedengeben. Aber so ist es eben ... (Seufzer).

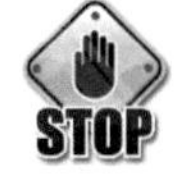

Stopp! Wenn Sie sich in diesen Gedanken irgendwo wiederfinden, hören Sie sofort auf damit! Spielleiter, die auf Dauer dieser Gedankenschleife verfallen, werden mit der Zeit die schrecklichsten und verantwortungslosesten Spielleiter. Vor allem sind sie weder Künstler noch Regisseure noch Pädagogen.

Der erste Fehler ist schon der Gedanke »Das will ich mal mit meinen Schüler/innen machen« – ich, ich, ich. Es geht nicht darum, was *ich* mit meinen Schülern machen will!

Durch ein ehrgeiziges Konzept in unserem Kopf geben wir den Weg vor, den die Jugendlichen gehen sollen. Wir haben dann für ihre Einfälle immer seltener Platz. Irgendwann fangen wir an, die Ideen der Schüler/innen geradezu als störend zu empfinden, wenn sie nicht in unser eigenes Gedankenkonstrukt passen. Wir empfinden sie im schlimmsten Fall sogar als »falsch« bzw. »nicht niveauvoll genug«, was wir dann natürlich den Jugendlichen gegenüber nur schwer verbergen können. Diese wiederum trauen ihren eigenen Ideen zunehmend weniger und äußern sie irgendwann gar nicht mehr. Sie werden in dem Glauben bestärkt, der Spielleiter wisse und könne alles besser.

Auf diese Weise instrumentalisieren wir aber unsere Schüler für unsere vermeintlich großartigen Ideen und verlieren das eigentliche Ziel unserer Arbeit komplett aus den Augen! Dies möchte ich im Folgenden genauer unter die Lupe nehmen.

> Wir müssen bei unserer Arbeit darauf achten, dass wir nicht zwei fatalen Gefühlen in uns Raum geben: Eitelkeit und Angst.

Eitelkeit

Eitelkeit wird uns zum Verhängnis, wenn wir unsere eigenen Ideen heimlich für besser halten als die der Schüler/innen. Dies passiert zwangsläufig, wenn wir ein Konzept im Kopf haben, dass wir durchsetzen wollen. Oft ist dies ein Konzept, von dem wir uns Bewunderung von außen erhoffen. Wir glauben, dass wir mehr Erfahrung und den besseren Überblick über künstlerische Möglichkeiten haben als die Jugendlichen. Dabei vergessen wir, dass es unsere Aufgabe ist, ihnen diese künstlerischen Möglichkeiten aufzuzeigen und zur Verfügung zu stellen, damit sie *ihre* Ideen damit zum Ausdruck bringen können.

Es ist denkbar egoistisch, wenn wir unsere eigenen Ideen mithilfe unseres Erfahrungsschatzes und mithilfe der Schüler/innen als Schauspieler auf die Bühne bringen – und dafür bewundert werden wollen. Wir müssen unsere eigene Eitelkeit überwinden und uns zurücknehmen. Wir sollen Mentor sein, nicht Regisseur. Die Jugendlichen sollen künstlerisch tätig werden und *ihre* Vision auf die Bühne bringen, nicht wir. Wir sind dazu da, ihnen alles mit auf den Weg zu geben, was sie brauchen, um ihre Haltung zur Welt künstlerisch zum Ausdruck zu bringen. Nur wenn sie dabei erfolgreich sind, ist auch unsere Arbeit erfolgreich gewesen.

Das heißt, wir müssen uns dafür sensibilisieren: Wo geht es mir nur um meine eigene Eitelkeit? Und wo geht es mir wirklich um das persönliche Wachstum der Schüler/innen?

Angst

Und: Wir müssen unsere Angst entdecken und dagegen angehen. Je mehr uns geglückt ist bei unserer Arbeit, desto banger wird die Frage: Wie schaffen wir das noch mal? Überhaupt die Frage: Wie haben wir das überhaupt geschafft? Wir fangen an, nach »Rezepten« zu suchen. Aber es gibt keine Rezepte. Es gibt nur die sichere Tatsache, dass unsere Arbeit sofort sinnlos und schlecht wird, wenn wir anfangen, sie nach äußeren – vermeintlichen – Erfolgen zu bewerten und sie dahingehend zu kontrollieren.

Wenn wir aus Angst anfangen, kontrollierend in Prozesse einzugreifen, machen wir die Prozesse selbst kaputt. Denn noch einmal: Es geht nicht um uns. Es geht um die Jugendlichen. Ziel unserer Arbeit ist es, ihre Persönlichkeit zu stärken und ihnen eine eigene, individuelle Haltung zur Welt zu ermöglichen, zu eröffnen.

Erfolgreich ist unsere Arbeit nicht, wenn wir einen Preis gewinnen. Erfolgreich ist unsere Arbeit nicht, wenn die Schultheaterszene oder andere »wichtige« Erwachsene anerkennend klatschen. Erfolgreich ist unsere Arbeit am allerwenigsten, wenn die Medien darüber berichten. Erfolgreich ist unsere Arbeit ganz allein dann,

- wenn wir einem Jugendlichen als Mentor/in eine innere Welt eröffnet haben, zu der er oder sie zuvor keinen Zugang hatte,
- wenn wir einem Jugendlichen dabei geholfen haben, seine eigene Haltung zur Welt zu entwickeln, und
- wenn wir ihm einen Weg zeigen konnten, diese Haltung zur Welt kreativ umzuwandeln in eine allgemeingültige Botschaft, die von anderen verstanden wird.

Niemand wird uns jemals mit Gewissheit sagen können, ob wir in dieser Hinsicht erfolgreich waren. Das ist das Dilemma unseres Berufs. Aber wenn wir professionelle, gute Spielleiter/innen sein wollen, dann kommen wir damit klar – und suchen uns unsere Anerkennung nicht an fragwürdigen Außenschauplätzen.

Außerdem können wir lernen, unseren Erfolg zu sehen. Wir müssen uns nur für die kleinen Schritte sensibilisieren, denn die sind deutlich sichtbar. Wenn wir unseren Erfolg nicht mehr am Äußeren messen, sondern an den Jugendlichen selbst, an ihren Veränderungen, ihren Erfolgen, dann brauchen wir keine Angst mehr vor den Urteilen der Außenwelt zu haben.

Das Ergebnis unserer Arbeit

Sobald wir anfangen, nicht mehr auf das äußerliche Ergebnis unserer Arbeit zu schielen – das Ergebnis »Aufführung« darf hier nicht mit der eigentlichen Zielsetzung unserer Arbeit verwechselt werden! –, sobald wir Angst und Eitelkeit loslassen, können wir den Augenblick genießen. Plötzlich sehen wir die Erfolge unserer Arbeit jeden Tag:

- Ein Schüler, der lange Zeit nur mit tief ins Gesicht gezogener Kapuze dagesessen und auf alles mit einem aggressiven »Nein!« reagiert hat, steht mit ausgebreiteten Armen auf der Bühne und strahlt.
- Eine Schülerin, die immer nur »alles Scheiße« fand, lässt sich zum ersten Mal wirklich ernsthaft auf eine Meditation ein und »findet Theater jetzt doch ganz cool«.
- Eine türkische Schülerin, die früher kaum gesprochen hat, verfasst eigene Texte, die sie frei und selbstbewusst auf der Bühne vorträgt, als hätte sie noch nie etwas anderes getan – und wird von ihrer Mutter heimlich bewundernd gefragt: Was für ein Gefühl ist das denn, wenn du da so auf der Bühne stehst?

- Eine Schulfotografin, die nach drei Monaten zu einem erneuten Termin erscheint, fotografiert und fragt plötzlich verwirrt: »Sind das die gleichen Schüler wie beim letzten Mal? Die hier sehen alle so unglaublich schön aus!«
- Ein Schüler, der dauernd Gefahr lief, von der Schule zu fliegen, erhält ein gutes Abschlusszeugnis und hält auf der Entlassungsfeier eine souveräne Rede auf der Bühne.
- Schüler/innen greifen schlichtend in eine Prügelei ein, klären im Stuhlkreis (!) ernsthaft die Ursachen des Streits auf und versöhnen die Streithähne miteinander – dabei wird der Lehrer vor die Tür geschickt mit der Begründung, das »könnten sie besser alleine«.
- Schüler/innen stehen nach ihrem Abschluss eines schönen Tages plötzlich auf dem Schulflur, strahlen einen an und sagen »Danke!«.

Das sind keine ausgedachten Beispiele, und es gibt noch unzählige mehr. Natürlich gibt es auch das Scheitern, auch den Kampf, auch den Frust. Aber wenn wir Angst und Eitelkeit loslassen und uns wach und neugierig auf einen kreativen Prozess einlassen, merken wir, dass unsere Arbeit unglaublich erfüllend und schön ist. Und das, obwohl wir keine Regisseure sind, sondern – Lehrer.

Probleme des Theaterlehrers im Schulalltag

Aufgrund meiner Tätigkeit als Multiplikatorin für Darstellendes Spiel schildern mir Kolleginnen und Kollegen häufig Krisensituationen aus dem Unterrichtsalltag. Besonders oft wird von Konflikten mit den eigenen Kollegen berichtet. So bedauernswert diese Vorfälle sind, denke ich doch, dass sie hier Erwähnung finden sollten. Es geht darum, eine professionelle Haltung den Kollegen gegenüber zu entwickeln und deren oft verhindernde Haltung unserer Arbeit gegenüber besser zu verstehen.

Bevor Sie tatsächlich mit der Theaterarbeit an Ihrer Schule beginnen, sollten Sie Folgendes wissen: Schon nach relativ kurzer Zeit, werden Sie merken, dass Ihre Arbeit erfolgreich ist, dass Ihre Schüler/innen sich Ihnen gegenüber öffnen, dass Sie plötzlich wieder Spaß haben zu unterrichten, dass tatsächliche Lernerfolge zu beobachten sind und dass immer mehr Schüler/innen Theater spielen wollen.

Unter gewissen Umständen könnten dann allerdings Probleme von unerwarteter Seite auf Sie zukommen, und zwar durch Ihre Kolleginnen und Kollegen. Wenn Ihre Schule eine projektorientierte ist, an der viele Kollegen engagiert und mit Motivation auf die Selbstständigkeit der Jugendlichen hin arbeiten, werden Sie die im Folgenden beschriebenen Probleme weniger oder gar nicht haben – dann haben Sie Glück. Zeichnet sich Ihre Schule jedoch durch eine hierarchisch organisierte Struktur aus, in der ein eher konservativer Erziehungsstil vorherrscht (z. B. Disziplinierung durch »Erziehungsmaßnahmen« wie Tadel, Ausschluss vom Unterricht, Versetzung an eine andere Schule), so seien Sie als Theaterlehrer/in auf einige unangenehme Randerscheinungen gefasst.

Der Theaterunterricht hat nämlich die Stärkung und Ausformung der individuellen Persönlichkeit jedes Jugendlichen zum Ziel. Ein konservatives, autoritäres Erziehungskonzept verfolgt aber geradezu diametral entgegengesetzte Ziele wie Unterordnung, Anpassung, Einhaltung von Regeln und Gehorsam. Daraus erwächst zwangsläufig ein gewisses Konfliktpotenzial innerhalb des Kollegiums. Dieses zu erkennen und angemessen darauf zu reagieren, erleichtert Ihnen eine Menge unnötigen Frust.

Im Folgenden gehen wir vom »worst-case«-Szenario aus: Sobald Ihre Arbeit gut läuft, werden Sie merken, dass über Sie gelästert wird. Ihnen wird alles mögliche vorgeworfen, z. B.:

- Sie sind egozentrisch und arrogant.
- Es geht Ihnen immer nur um Theater und um sich selbst.
- Sie haben keinen Blick mehr für die schulinternen, wichtigen Dinge.
- Sie schleimen sich bei den Schüler/innen ein.
- Sie lassen den Schüler/innen alles durchgehen.
- Sie machen keinen »ordentlichen« Unterricht.
- Bei Ihnen lernen die Kinder nichts, bei Ihnen haben Sie »nur« Spaß.
- Sie verderben die Kinder, weil die immer machen können, was sie wollen.

Das sind nur einige Vorwürfe, denen Sie begegnen werden. Und es ist vollkommen egal, was Sie tun, um diese Vorwürfe zu entkräften – es wird nichts nützen. Sie werden merken, dass Sie doppelt so lange in der Schule sind wie alle anderen, dass Sie Ihre Stunden rund um die Uhr gedanklich vor- und nachbereiten, dass Sie Ihre übrigen Aufgaben in der Schule eher noch gewissenhafter zu erledigen versuchen, um der Kritik zu entkommen – es wird alles nichts nützen. Denn die Vorwürfe Ihrer Kolleginnen und Kollegen haben nichts mit Logik zu tun. Und daher kann man ihnen auch nicht mit Logik begegnen.

Wenn Ihre Kolleginnen und Kollegen Ihnen das Leben schwer machen, ist das nur ein Zeichen dafür, dass sie unglücklich sind. Häufig liegt das auch daran, dass sich die Disziplinierungsmaßnahmen, auf die aufgrund der zahlreichen Störungen zurückgegriffen wird, als zunehmend vergeblich bzw. sogar als »Bumerang« erweisen. Die Gründe dafür liegen in einem Paradigmenwechsel in unserer Gesellschaft, in der Urteilsfähigkeit und Selbstständigkeit größere Bedeutung haben als Disziplin und Gehorsam. Dies wird offenbar von den Jugendlichen selbst intuitiv empfunden.

Je erfolgreicher also Ihre – demokratisch geprägte – Arbeit läuft, je mehr Schüler/innen strahlend vor dem Lehrerzimmer stehen und Sie sprechen wollen, desto bitterer empfinden Ihre Kolleginnen und Kollegen ihren eigenen Frust. Viele von ihnen waren einmal engagiert. Viele haben auch gekämpft. Aber viele haben auch aufgegeben und Kämpfe verloren – was im Übrigen auch Ihnen passieren kann. Und viele versuchen einfach nur noch, jeden einzelnen Tag in der Schule zu überstehen. Und warten darauf, dass sie endlich aufhören dürfen.

Stellen Sie sich vor, Sie wohnen allein in einer winzigen Wohnung. Sie sitzen den ganzen Tag da und starren aus dem Fenster in die Wohnung gegenüber. Dort lebt jemand, der so alt ist wie Sie und dem alles gelingt, dessen Wohnung immer voller fröhlicher Menschen ist und der alles hat, was Sie sich immer erträumt haben. Ihr eigenes Leben hätte besser sein können, aber an verschiedenen Stellen haben Sie falsche Entscheidungen getroffen. Das wissen Sie jetzt. Aber nun ist es zu spät. Sie sitzen da und fühlen sich alt. Sie können sich nicht mehr vorstellen, die Kraft aufzubringen, einen neuen Anfang zu wagen. Sie sehen immer nur diesen Menschen gegenüber, dem alles so leichtzufallen scheint und den alle lieben. Und jedes Mal, wenn Sie ihn sehen, denken Sie an all das, was Sie in Ihrem eigenen Leben nicht geschafft haben.

So in etwa fühlen sich einige Kolleginnen und Kollegen, wenn Sie erfolgreiche Theaterarbeit an Ihrer Schule machen. Obwohl Sie tatsächlich schon eine Menge zu tun haben, müssen Sie die Kraft haben, auch diesen Aspekt Ihrer Arbeit mitzutragen. Sie haben im Grunde auch keine andere Wahl. Denn die Auseinandersetzungen und Überzeugungsversuche, all die Erklärungen und im Grunde überflüssigen Rechtfertigungen Ihres Tuns werden letztendlich zu keinem anderen Ergebnis führen. Die Ablehnung gewisser Kollegen wird bleiben. Also sparen Sie sich Ihre Kraft lieber für die konstruktive Arbeit mit den Jugendlichen auf.

- Seien Sie stark und leben Sie lieber mit dem Vorwurf, Sie seien »arrogant« – so wird man nämlich Ihre mangelnden Reaktionen beurteilen.
- Versuchen Sie, innerlich in Frieden mit Ihren Kolleginnen und Kollegen zu bleiben. Denn dann geht es Ihnen selbst besser.
- Bewahren Sie die Ruhe, wenn diese zum hundertsten Mal ihre Klassenarbeiten und Klausuren punktgenau in Ihrer Probenzeit schreiben lassen. Oder Ihre Schüler/innen durch Klassenfahrten und Ausflüge in Gewissenskonflikte bringen: Soll ich an der Klassenfahrt teilnehmen oder an der Generalprobe für unser Theaterstück?
- Finden Sie auf nettem, entspanntem Wege eine Lösung mit den entsprechenden Lehrerinnen und Lehrern. Regen Sie sich nicht auf.
- Achten Sie darauf, eventuellen Unterrichtsausfall aufgrund letzter Proben für ein Theaterstück auf ein Minimum zu begrenzen.
- Versuchen Sie freundlich und sachlich zu bleiben, wenn Ihre Kolleginnen und Kollegen sich trotzdem immer wieder darüber empören, dass »wegen Theater *immer* der Unterricht ausfällt«.
- Stützen und schützen Sie Ihre Schüler/innen, wenn Sie merken, dass Ihre Kollegen die Theaterprojekte im Unterricht schlechtreden. Nehmen Sie den Schüler/innen die Verunsicherung, die möglicherweise dadurch entstanden ist, aber streiten Sie nicht mit den Kollegen – diese werden ohnehin nie zugeben, dass sie Ihren Theaterunterricht schlechtgemacht haben.

Suchen Sie stattdessen Kolleginnen und Kollegen, die Ihre Arbeit auf objektiver Ebene zu schätzen wissen, und versuchen Sie, mit diesen zu kooperieren und fächerübergreifend zusammenzuarbeiten. Theaterarbeit bietet eine Vielzahl an Anknüpfungspunkten – Lichttechnik, Kostüme, Bühnenbild, Programmgestaltung, Dokumentation durch Film und Fotos, Ankündigung und Dokumentation auf der Website und Ähnliches. Versuchen Sie, an Ihrer Schule Verbündete zu finden und mit den Kollegen ein Team zu bilden, mit denen Sie gerne und vertrauensvoll – und in der Konsequenz dann auch professionell – zusammenarbeiten können.

Versuchen Sie, Ihre Aufmerksamkeit immer auf die angenehmen, erfüllenden Momente Ihrer Arbeit zu richten. Zwingen Sie sich ganz bewusst, negative Gedankenschleifen zu stoppen. Machen Sie sich immer wieder klar, dass es überhaupt nichts nützt, über das Verhalten mancher Kollegen enttäuscht oder verletzt zu sein. Sehen Sie diese Gedanken als ein »schwarzes Loch«, um das Sie immer einen großen Bogen machen.

Achten Sie bei Ihren Aufführungen darauf, dass immer jemand im Publikum sitzt, der Sie mag und dessen Urteil Ihnen etwas wert ist. Jemand, der Ihre Arbeit versteht und Sie im besten Fall anschließend fest in die Arme nimmt. Denn selbst wenn Sie noch so stark sind: Nach der emotional immer sehr strapaziösen Probenzeit, der nervlichen Anspannung, der kompletten Überarbeitung, dem damit einhergehenden Schlafmangel und nicht zuletzt nach der geballten Konzentration während der Aufführung werden Sie nicht mehr in der Lage sein, kritische Bemerkungen über Ihre Arbeit souverän zu parieren. Diskutieren Sie deshalb nicht direkt nach der Premiere mit anderen über Ihre Arbeit. Sie sind in diesem Moment emotional und nervlich in einem Grenzbereich. Schützen Sie sich selbst und halten Sie sich nur an Menschen, die Ihnen guttun.

Warten Sie nicht darauf, dass Sie jemand aufgrund Ihrer Arbeit lobt. Machen Sie sich unabhängig vom Urteil anderer. Sie wissen selbst am besten, ob Ihre Arbeit erfolgreich war, denn nur Sie haben den gesamten Prozess und die positiven Entwicklungsschritte Ihrer Schüler/innen miterlebt.

Trainieren Sie, Ihren Blick auf all die erfüllenden Momente zu richten, die Ihre Arbeit hervorbringt. Sie werden merken, dass es so viele sind, dass Irritationen von außen Sie nicht mehr erreichen können. Wenn Sie Ihre Aufmerksamkeit konsequent auf die »kleinen« Erfolge Ihrer Arbeit fokussieren, werden Sie feststellen, dass diese Arbeit Sie glücklich macht. Und dass nicht nur die Kinder daran wachsen, sondern auch Sie selbst.

Kooperation mit dem Theater: Über die Zusammenarbeit mit Künstlern

In der Öffentlichkeit ist spätestens seit dem Dokumentarfilm »Rhythm is it« mit Sir Simon Rattle der Eindruck entstanden, Schulen müssten von der Zusammenarbeit mit Künstlern grundsätzlich profitieren – im Falle des langfristig angelegten Simon-Rattle-Projekts war das sicher auch der Fall. Seitdem wird aber besonders in den Medien immer wieder betont, der Vorteil einer Kooperation mit Künstlern bestehe darin, dass die Schüler/innen dabei mit »Profis« arbeiten könnten. Impliziert wird dabei natürlich:

- An Schulen gibt es keine Profis – die muss man von außen holen. (Ist das tatsächlich so?)
- Die Arbeit mit »professionellen Künstlern« ist selbstverständlich wertvoller als die mit Lehrern. (Ist das tatsächlich so?)

Sobald »Rütli tanzt« (= Musical-Profis studieren in drei Tagen eine Tanz-Performance mit allen Schülern und Lehrern der Rütli-Schule ein), berichten Zeitungen begeistert von den unglaublichen Wirkungen bei den Jugendlichen und von einer Lösung aller Probleme im Schulalltag: Rütli tanzt gegen Gewalt, soziales Elend, Perspektivlosigkeit, Drogen und Schuldistanz – und das alles in drei Tagen.

Jedem ernst zu nehmenden Künstler und jedem halbwegs versierten Pädagogen wird klar sein, dass das Schwachsinn ist. Kurzfristige, auf mediale Aufmerksamkeit gerichtete »Profi-Spektakel« entbehren jeglicher Nachhaltigkeit und sind unter dem Aspekt der Persönlichkeitsentwicklung von Jugendlichen nicht nur fragwürdig, sondern teilweise sogar schädlich. Was am Ende auf der Bühne beklatscht und von den Medien hochgejubelt wird, hat mit der Förderung von Jugendlichen nicht das Geringste zu tun. Ganz im Gegenteil werden die Schüler/innen für die Interessen anderer instrumentalisiert (z.B. von Politikern, Schulleitern, Kulturschaffenden, Sponsoren und Medien). Für sich selbst nehmen die Schüler/innen nur die höchst fragwürdige Erfahrung mit, dass drei Tage Tanz mit Profis ihnen mehr Aufmerksamkeit und Lob einbringt als alles, was sie selbst zustande bringen.

Dem gegenüber stehen langfristige Kooperationen mit Theatern, die für Schulen tatsächlich sinnvoll und bereichernd sein können, wenn gewisse Grundbedingungen erfüllt sind. Um eine erfüllende Kooperation mit Künstlern zu ermöglichen, sollten wir uns allerdings im Vorfeld folgende Fragen stellen:

- Was ist der Unterschied zwischen einem Pädagogen und einem Künstler?
- Wie definiere ich den »Pädagogen«, wie den »Künstler«? (Es lohnt sich, diese Begriffe für sich zu klären.)
- Kann ein Künstler gleichzeitig ein guter Pädagoge sein? (Ich kenne einige!)
- Kann ein Pädagoge gleichzeitig ein Künstler sein? (Ich kenne einige!)
- Stehen sich Künstler und Pädagogen mit aufrichtigem gegenseitigen Respekt und Wertschätzung gegenüber, oder denkt der eine, der andere müsste für die Zusammenarbeit dankbar sein (Überheblichkeit)?
- Wer übernimmt innerhalb der Kooperation welche Aufgaben?
- Welche Grundvereinbarungen müssen getroffen werden, damit die Kommunikation zwischen Pädagogen und Künstlern fruchtbar ist?

Dazu folgende Beobachtungen:

Vier »Pädagogen-Künstler«-Typen

1. *Es gibt Künstler, die überhaupt keine Pädagogen sind.* Und weil sie keine Pädagogen sind, fehlt ihnen auch jegliche Sensibilität dafür, was ihnen für die Arbeit mit Jugendlichen fehlt. Dies macht sie oft beratungsresistent gegenüber Pädagogen, die ihnen eigentlich helfen könnten. Sie sind Profis auf dem Gebiet der »Kunst« (z.B. dem Theaterhandwerk), nicht aber im Umgang mit Jugendlichen.

   Beispiel: Der Künstler verfällt in eine der drei destruktiven Spielleiterhaltungen (s. S. 31f.), weigert sich aber, kritisch darüber zu reflektieren und sich seine Haltung den Jugendlichen gegenüber bewusst zu machen. Beispielsweise verfällt er in Formen der »schwarzen Pädagogik«, brüllt die Schüler/innen an oder reagiert auf jeden Konflikt mit persönlicher Befindlichkeit (»Der hat mich beleidigt. Jetzt kann ich mit dem nicht mehr arbeiten.«). Er schwankt zwischen autoritärem Befehlston und Anbiederei bei den Schüler/innen – was wahrscheinlich jeder ohne Erfahrung in der Zusammenarbeit mit Jugendlichen am Anfang machen würde. Entscheidend für eine produktive Zusammenarbeit ist, ob er überhaupt bereit ist, dieses Defizit zu erkennen und daran zu arbeiten.
2. *Es gibt Pädagogen, die überhaupt keine Künstler sind.* Sie bedienen sich ordentlicher didaktischer Konzepte, stehen den Schüler/innen

nahe und kennen sich mit gruppendynamischen Prozessen aus. Aber ihnen fehlt das kreative Element. Ihre Arbeit ist pädagogisch wertvoll, nicht aber unbedingt künstlerisch. Die meisten »nicht künstlerisch begabten« Pädagogen, die ich kenne, sind gerne bereit, dieses Defizit einzuräumen, und sind sogar eher erleichtert, wenn ihnen der kreative Teil der Arbeit abgenommen wird. Sie sind Profis im Umgang mit Jugendlichen, nicht aber auf dem Gebiet der Kunst.
3. *Es gibt Künstler, die gleichzeitig Pädagogen sind.* Sie sind Profis auf beiden Gebieten.
4. *Es gibt Pädagogen, die gleichzeitig Künstler sind.* Auch sie sind Profis auf beiden Gebieten.

Zur Zusammenarbeit dieser vier Typen

- *Typ 1 und 2* können sehr gut zusammenarbeiten, wenn sie sich des Wertes des jeweils anderen bewusst sind und eine klare Aufgabenteilung verabreden: Der Künstler akzeptiert, dass der Pädagoge in seinem Bereich der Profi ist, und der Pädagoge lässt dem Künstler gestalterisch alle Freiheiten, da er ihn in diesem Bereich als Profi akzeptiert.
- *Typ 3 und 4* können nur dann gut zusammenarbeiten, wenn sie eine funktionierende Beziehungsebene aufbauen und miteinander kommunizieren. Denn ihre Zusammenarbeit ist problematisch, weil sich die Aufgabenfelder ständig überschneiden. Um sich hier nicht dauernd in einem Kompetenzgerangel zu befinden, müssen 3 und 4 sich ständig austauschen und ehrlich miteinander umgehen. Fühlt sich der eine übergangen oder herabgesetzt, muss sofort darüber geredet, müssen die Fronten geklärt werden. Beide können aber äußerst fruchtbar zusammenarbeiten, wenn sie sich menschlich gut verstehen, über das Ziel ihrer Arbeit einig sind und sich gegenseitig als Vollprofis akzeptieren.
- *Typ 1 und 4* können eigentlich überhaupt nicht zusammenarbeiten. 4 wird sich innerhalb kürzester Zeit über die fehlenden pädagogischen Kompetenzen von 1 aufregen und Ratschläge erteilen. Dies lässt sich 1 aber nicht gefallen, weil er sich auf gar keinen Fall von einem Lehrer (!) etwas sagen lassen will. Da aber 4 tatsächlich auch künstlerisch mitreden kann und eigene Vorstellungen hat, fühlt sich 1 auf beiden Feldern kritisiert und hat dadurch keine klare Position innerhalb des Prozesses. Eine mögliche Reaktion von 1 ist dann: »Der ist doch bloß ein Lehrer. Und der will mir – als Künstler! – jetzt sagen, wie es geht. Der soll mal dankbar sein, dass ich mich hier überhaupt mit diesen Jugendlichen abgebe!« Solche Bemerkungen verletzen wiederum das pädagogische Herz von 4 und die Fronten verhärten sich. Die Kommunikation kommt zum Stillstand und es

folgt ein ständiges latent ausgetragenes Kompetenzgerangel, das auf Kosten des Prozesses und der Jugendlichen geht.

- *Typ 2 und 3* können perfekt zusammenarbeiten, wenn sich die 2 unterordnet und dem Künstler den Profistatus auf beiden Gebieten überlässt.

Grundvoraussetzung für alle vier Typen: Für eine fruchtbare Zusammenarbeit ist es immer schädlich, wenn jemand sich mit Minderwertigkeitsgefühlen herumschlägt. Viel sinnvoller ist es, seine Fähigkeiten und auch seine Grenzen gut zu kennen und selbstbewusst und ohne Koketterie damit umzugehen (= professionelle Haltung).

Sobald eine Kooperation mit einem Theater oder einem einzelnen Künstler ansteht, sollten Sie sich fragen, welchem der vier Typen Sie am ehesten entsprechen, und sich im Vorfeld mit Ihren Kooperationspartnern treffen, um festzustellen, ob eine fruchtbare, harmonische Kommunikation möglich ist.

Es geschieht äußerst selten, dass alle Beteiligten wie von selbst demokratisch oder »wie eine Familie« zusammenarbeiten und alles gleichberechtigt gemeinsam entscheiden. Dies ist nur möglich, wenn alle offen miteinander kommunizieren und sich ihrer Fähigkeiten, ihrer Schwächen und ihrer Position innerhalb der Gruppe bewusst sind. Wo immer man gemeinsam arbeitet, braucht jeder seinen Platz und seinen Verantwortungsbereich. Und jeder muss auf seinem Gebiet ein Profi sein und sich den anderen gegenüber dementsprechend professionell – d. h. auch wertschätzend und respektvoll – verhalten. (Eigentlich sollte das selbstverständlich sein, aber die Erfahrung zeigt, dass es das nicht immer ist.)

Wenn wir uns diese Aspekte einer Zusammenarbeit im Vorfeld bewusst machen, sie offen ansprechen und verantwortungsbewusst damit umgehen, kann eine langfristige Kooperation mit Künstlern eine wertvolle Bereicherung für jede Schule werden.

Teil II: Methodik des biografischen Theaters

Was Spielleiter/innen wissen sollten

1. Rezepte gibt es nicht

Es gibt nicht die richtige Methode

Bei allen hier geschilderten Methoden gilt es zu beachten: Es gibt nicht *die* richtige Methode. Die Spielleiterin bzw. der Spielleiter sollte möglichst offen an die Arbeit mit den Jugendlichen herangehen. Er sollte begeistert sein von seiner Aufgabe, über ein hohes Fachwissen und eine Vielzahl von Methoden (Handwerkszeug) verfügen und dieses in der Unterrichtssituation auch parat haben. So kann er spontan und kompetent auf die Bedürfnisse und Fähigkeiten der Gruppe reagieren. Das ist wichtig, denn jede Gruppe ist anders. Kein Arbeitsprozess lässt sich jemals exakt mit einer anderen Gruppe wiederholen.

Jede Gruppe ist anders

Das Suchen nach »Rezepten« im Fachbereich Darstellendes Spiel ist ohnehin aussichtslos. Denn nur durch die Unsicherheit und das Suchen während der Arbeit wird der Bildungs- und Lernprozess bei den Jugendlichen ermöglicht, der ja Ziel der Arbeit ist. Daher sollte der Spielleiter nicht an einem Konzept oder einer Methode klammern oder den Prozess zu sehr steuern und kontrollieren. Lässt er sich auf eine Suche ein und hält dabei auch die Angst zu scheitern aus, so wird er sich wundern, was für überraschende und nahezu unglaubliche Ideen sich vor seinen Augen entfalten.

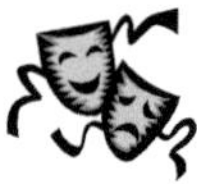

2. Kurze Beschreibung der theaterästhetischen Mittel

Freeze
In der aktuellen Bewegung erstarren.

Alle Blick ins Publikum
Alle Spieler/innen wenden ihr Gesicht gleichzeitig zum Publikum.

Fokus
Aufrechte Körperhaltung, Arme locker an den Seiten, Blick geradeaus ins Publikum gerichtet, hohe Konzentration und Körperspannung; Blick und Körperhaltung neutral (Ausgangsposition).

Formation (Anordnung der Spieler im Raum)
Die Spieler/innen bilden zusammen eine Formation auf der Bühne. Das kann eine Reihe, ein Block, ein Keil, ein Kreis, ein Pulk, eine Diagonale quer über die Bühne und vieles mehr sein.

Pulk
Alle Spieler/innen bilden dicht nebeneinander stehend einen ungeordneten Menschenpulk.

Fallen
Aus dem Stand zu Boden fallen, ohne sich dabei wehzutun.

Sinken
Sehr langsam zu Boden sinken (Zeitlupe).

Zeitlupe
Alle Bewegungen werden sehr verlangsamt ausgeführt. Dafür muss vermehrt Muskelkraft zum Einsatz kommen – große Körperspannung, Vermeiden von »Wacklern« (Balance!).

Zeitraffer
Bewegungen werden in viel zu schnellem Tempo ausgeführt, sodass eine skurrile Wirkung entsteht (Gegenteil von Zeitlupe).

Pose
Die Spielerin bzw. der Spieler nimmt eine bestimmte Haltung ein und friert in dieser Haltung ein (»Freeze«).

Gruppenfoto
Alle Spieler/innen bauen zusammen ein Bild »für den Fotografen«: Sie posieren, als sollten sie alle zusammen fotografiert werden.

Standbild
Alle Spieler/innen stellen zusammen eine Situation oder ein Gefühl wie z. B. »Angst« dar und frieren in diesem Bild ein. (Im Gegensatz dazu stellt ein »Gruppenfoto« keine Situation und keinen Gefühlszustand dar.)

Synchronität
Die Bewegungen der Spieler/innen werden so aufeinander abgestimmt, dass sie gleichzeitig und im selben Rhythmus ausgeführt werden.

Parallelität
Zwei Spieler/innen stimmen ihre Bewegungen so ab, dass sie gleichzeitig und im selben Rhythmus ausgeführt werden.

Tocs
Ein Bewegungsablauf wird durch Pausen (Innehalten) in einzelne Abschnitte untergliedert. Das wirkt dann so, als hielte man einen Film an, ließe ihn dann ein kleines Stück weiterlaufen, hielte ihn wieder an, und so immer weiter.

Chorisches Sprechen
Alle Spieler/innen sprechen den Text gleichzeitig.

Catwalk
Eine Spielerin oder ein Spieler geht sehr schnell auf einer geraden Bahn nach vorne an die Bühnenrampe, dabei intensiver Blick ins Publikum. Er nimmt vorne an der Rampe eine Pose ein und friert ein – oder kombiniert diese Pose mit einem gesprochenen Satz.

Flüstern
Sprechen ohne Stimme.

Schreien
Der ganz normale Text wird nicht gesprochen, sondern geschrien.

Ohne Stimme sprechen
Die Spieler/innen stellen sich ihren Text beim lautlosen Sprechen genau vor, bewegen aber nur sehr deutlich ihre Lippen, ohne dass man etwas hört.

Spiegeln
Eine Spielerin oder ein Spieler spiegelt die Bewegungen seines Gegenübers.

Position im Raum
Die Spieler/innen stehen z. B. an der hinteren Bühnenwand, ganz vorne an der Bühnenrampe, mit dem Rücken zum Publikum oder in einer Ecke … Die verschiedenen Positionen, die man auf der Bühne (oder auch in jedem Raum) einnehmen kann, haben eine sehr unterschiedliche Wirkung. Daher ist es entscheidend, wie die Positionen im Raum eingesetzt werden können, um eine ganz bestimmte Wirkung zu erzielen.

Mickey-Mousing

Ein Spieler führt eine Handlung auf der Bühne aus, ein anderer macht dazu passende Geräusche (z.T. komische Wirkung)

Musik

Eine Szene kann mit Musik unterlegt werden. Dies hat grundsätzlich eine sehr starke Wirkung. Daher ist es wichtig, die Schüler/innen für die unterschiedlichen Wirkungen von verschiedenen Musikstücken zu sensibilisieren (siehe S. 90).

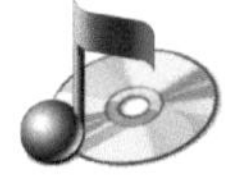

3. Allgemeines zum Feedback-Verfahren

Das Feedback-Verfahren bildet bei allen Übungen einen wesentlichen Bestandteil der Arbeit. In der Einführungsphase wird der Schwerpunkt auf den »Lieblingsmoment« gelegt und darauf, eine zunehmende Beobachtungsfähigkeit und Vertrauen in die eigenen Eindrücke zu gewinnen. Dabei sitzt immer ein Teil der Schüler/innen in einer Reihe vor der Bühne und schaut den anderen aufmerksam zu, während diese auf der Bühne ein szenisches Arbeitsergebnis präsentieren. Anschließend werden die Schüler/innen aufgefordert, (ausschließlich!) ihren Lieblingsmoment zu benennen und diesen zu begründen.

Schwammige Allgemeinaussagen müssen von der Spielleitung unterbunden werden. Es ist wichtig, mit den Jugendlichen zu trainieren, zunehmend konkretere Aussagen zu machen und auch ihre Beobachtungsfähigkeit dahingehend zu schärfen. Wenn dieser Grundstein gelegt ist, sollte das Feedback-Verfahren zunehmend professionalisiert werden.

3.1 Grundsätzliche Beschreibung der Verfahrensweise

- Die Gruppe wird geteilt. Eine Gruppe schaut ausschließlich zu, die andere agiert auf der Bühne.
- Anschließend soll sich die zuschauende Gruppe zu folgenden Fragen äußern:
  - Was habe ich gesehen?
  - Was hat mir besonders gut gefallen?
  - Was habe ich nicht verstanden bzw. würde ich anders machen?
  - Zusammenfassung der Punkte, die mir gefallen haben.
- Es ist wichtig, dass diese Reihenfolge immer genau eingehalten wird. Jede einzelne Darstellerin und jeder einzelne Darsteller wird von der Gruppe nach diesem System besprochen.
- Danach werden die Gruppen gewechselt.

Durch dieses Feedback-Verfahren, das bei allen Spielaufgaben verwendet wird, entwickeln die Spieler/innen zunehmend ein Gefühl für die Vielzahl der Komponenten, die einen guten Auftritt ausmachen. Sie schärfen ihre Beobachtungsgabe und erweitern ihren Wortschatz erheblich.

Die Spielleitung braucht nichts zu erklären, die Spieler/innen kommen durch dieses Verfahren selbst auf die wesentlichen Punkte. Wichtig ist es, den Spieler/innen immer wieder zu sagen, dass sie »alles bereits wissen bzw. in sich tragen«, dass sie ihrem Instinkt, ihrem ersten Gedanken unbedingt trauen und jedes Empfinden so genau wie möglich beschreiben sollen. Die Spieler/innen müssen in jedem Impuls ermutigt werden. Oberflächliche Allgemeinurteile oder schwammige Aussagen sollten von der Spielleitung ignoriert, gute und ehrliche Beiträge positiv verstärkt werden.

Die Spielleitung muss auch dafür sorgen, dass Kritik als etwas Positives aufgenommen wird. Das ist am Anfang sehr schwierig. Hier hilft es, den Schüler/innen Beispiele aus anderen Bereichen zu nennen, in denen Teamwork gefragt ist. Zum Beispiel arbeitet das Team um einen Rennfahrer wie Michael Schumacher an einem gemeinsamen Ziel: dem Sieg von Ferrari. Wenn sie sich untereinander nicht auf Fehler hinweisen würden, dann verhielten sie sich wie »Kameradenschweine«, denn das gesamte Team hätte unter diesen Fehlern zu leiden. Insgesamt geht es um eine Optimierung des Autos und deshalb um eine möglichst umfassende Aufdeckung von Fehlerquellen, damit am Ende das Beste dabei herauskommt.

Die Spieler/innen sollen begreifen, dass sie zusammen an einer großen Sache arbeiten und jede Einzelleistung ein Gewinn für die Gruppe ist. Deshalb müssen sie sich gegenseitig helfen, sich gegenseitig »optimieren«. Es motiviert die Spieler/innen, wenn von einer gemeinsamen »großen Sache« gesprochen wird und auch sie selbst das selbstbewusst so aussprechen können. Denn wenn sie am Ende des Schuljahres tatsächlich ein Theaterstück auf die Beine gestellt haben, ist das in der Tat eine »große Sache«, und sie sollten dieses Ziel auch vor Augen haben.

3.2 Aspekte zum Thema »Präsenz auf der Bühne«

Durch das Feedback-Verfahren sollen im Laufe der Zeit folgende Aspekte zum Thema »Präsenz auf der Bühne« erarbeitet werden:

- Körperspannung durchgängig halten,
- Zeit des Auftritts voll auskosten (»Aura schaffen«),
- niemals »privat« werden oder aus der Rolle fallen,

- keine unkontrollierten, ungenauen Bewegungen,
- auf der Bühne nicht auf der Stelle treten, zappeln, »füßeln«,
- keine künstlichen, ausladenden Bewegungen mit den Armen machen, die nichts bedeuten,
- immer den Kontakt zum Publikum halten, Spannung dem Publikum gegenüber,
- jeder Auftritt, jede Szene muss einen inneren Rhythmus haben (Anfang, Aufbau von Spannung, Höhepunkt, Schluss; deutliche Abgrenzung von Bewegungen, auch »Tocs« genannt),
- Konzentration durchgängig halten,
- Eindeutigkeit (die W-Fragen müssen zu beantworten sein: Wer macht was wann und wo, warum, wie und wozu?)
- Vermeiden von Klischees (»Kill your darlings!«),
- »Überrasche das Publikum so oft wie möglich«,
- laut und deutlich sprechen,
- nicht im Auf- oder im Abgang sprechen,
- nicht mit dem Rücken zum Publikum agieren,
- Raum auf der Bühne bespielen (nutzen),
- Timing: Niemals Gesprochenes durch Gesten »synchronisieren« – d.h. Rhythmus und Tempo der Sprache dürfen nicht durch Rhythmus und Tempo der Bewegungen gedoppelt werden – das wäre wie »Deutsch mit deutschen Untertiteln«.

»Kill your darlings!«

Warm-ups und Übungen (»Best of«)

Warm-ups sollten zu Beginn jeder Probe bzw. Arbeitseinheit durchgeführt werden. Sie haben verschiedene Funktionen. Die folgende Liste von Warm-ups ist nach Schwerpunkten angeordnet: Warm-ups zum Kennenlernen, zur Konzentrationssteigerung, zur Sensibilisierung und zur Körperpräsenz. Sie lassen sich je nach Bedarf beliebig kombinieren und auch kreativ erweitern.

Die folgende Sammlung ist bewusst übersichtlich gehalten. Sie enthält nur diejenigen Übungen, die sich in meiner Praxis als Spielleiter/in am besten bewährt haben. Wer auf der Suche nach weiteren Übungen ist, sei auf das kommentierte Literaturverzeichnis (S. 157) verwiesen.

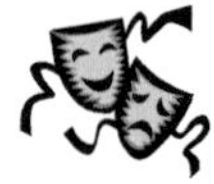

1. Übungen zum Kennenlernen

Namen merken

Alle sitzen im Kreis. Der Spielleiter stellt sich kurz vor und merkt dann an, dass er am Anfang immer große Probleme habe, sich die Namen der Schüler/innen zu merken (Tiefstatus). Er kündigt an, dass er sich gleich nach der ersten Vorstellungsrunde alle Namen eingeprägt haben will, dass es aber wahrscheinlich nicht klappen wird. Deshalb bittet er die Schüler/innen, ihm vielleicht dadurch zu helfen, dass sie nicht nur ihren Namen sagen, sondern eventuell noch etwas anderes Interessantes zu sich selbst. Sollte ihnen gar nichts Zusätzliches einfallen, können sie ihr Lieblingsessen nennen.

Am Ende muss der Spielleiter alle Namen der Reihe nach aufsagen, zusätzlich versieht er diese Aufzählung mit den persönlichen Informationen, die er sich zu jedem Einzelnen gemerkt hat. Er kann immer wieder so tun, als hätte er einen Namen vergessen, und den Moment ein bisschen dramatisieren. Es macht Spaß zu sehen, wie sehr der jeweilige Schüler sich freut, wenn der Spielleiter seinen Namen dann doch nicht vergessen hat und sich sogar noch andere Dinge über ihn gemerkt hat.

Diese Übung funktioniert allerdings nur, wenn der Spielleiter am Ende tatsächlich alle Namen und kleine persönliche Einzelheiten weiß. Und: Je dümmer er sich anstellt, desto mehr freuen sich die Schüler/innen!

Der Spielleiter tut so, als ob er wahnsinnige Probleme hätte, sich die Namen zu merken, und hält deshalb bei jeder Schülerin und jedem Schüler inne, »um noch länger Zeit zum Merken zu haben«. In Wirklichkeit aber gibt er den Schüler/innen dabei die Möglichkeit, sich zu präsentieren. Die Schüler/innen genießen es, dass ihnen diese interessierte Aufmerksamkeit zuteil wird.

Wann immer ich dieses Spiel mit einer neuen Gruppe gespielt habe, haben die Schüler/innen zum Schluss gelacht und geklatscht. Das Gute an dieser Übung ist, dass sich der Spielleiter »zum Affen macht« und die Schüler/innen sich überlegen fühlen. Gleichzeitig genießen sie es, im Mittelpunkt zu stehen, und zwar zu ihren Bedingungen.

Die folgenden Übungen können als Variation oder Ergänzung dienen. Der Spielleiter sollte sie immer auf die Situation und die jeweilige Gruppe abstimmen.

Name und Farbe

Alle sitzen im Kreis. Jeder sagt der Reihe nach seinen Namen und dazu eine Farbe, die seine derzeitige Stimmung ausdrückt.

Name und Tier

Jeder nennt seinen Namen und ein Tier, das er in seinem nächsten Leben gerne sein möchte – samt Begründung dafür.

Platzwechsel

Ein Stuhl wird beiseite gestellt. Eine Spielerin oder ein Spieler geht in die Mitte. Er gibt Anweisungen zum Platzwechsel, z. B. »Alle, die schwarze Schuhe tragen, wechseln den Platz«, »Alle, die heute schon Zeitung gelesen haben, wechseln den Platz« oder Ähnliches. Es dürfen niemals zwei Plätze nebeneinander getauscht werden. Während die Spieler/innen loslaufen, um einen leeren Stuhl zu erwischen, muss der Spieler in der Mitte ebenfalls versuchen, einen leeren Platz zu finden und sich zu setzen. Wer keinen Platz gefunden hat, bleibt in der Mitte stehen und gibt die nächste Anweisung.

Zublinzeln

Die Hälfte der Stühle wird beiseite gestellt. Hinter jedem Sitzenden steht eine Spielerin oder ein Spieler. Nur ein Stuhl bleibt leer. Der dahinter stehende Spieler blinzelt einem Sitzenden in der Runde zu und fordert ihn auf diese Weise auf, so schnell wie möglich seinen Platz zu verlassen und sich auf den Stuhl des »Blinzlers« zu setzen. Wer den sitzenden Spieler vor sich »verloren« hat, muss nun wiederum versuchen, sich einen neuen Spieler »heranzublinzeln«.

Begrüßung
Alle gehen durch den Raum. Innerhalb von dreißig Sekunden werden so viele Hände wie möglich geschüttelt. Die Spielleitung zählt dabei laut die dreißig Sekunden.

Einer geht, alle gehen
Alle Mitspielenden gehen durch den Raum. Einer bleibt stehen. Alle bleiben stehen. Einer setzt sich wieder in Bewegung. Alle setzen sich in Bewegung – und so weiter. Wer die Bewegung oder die Bewegungspause vorgibt, wird durch Tippen an der Schulter weitergegeben. Diese Übung kann durch verschiedene auffällige Bewegungen variiert werden.

Blinder Kreis
Alle gehen durch den Raum, bleiben auf Zuruf stehen, schließen die Augen und bilden tastend einen Kreis. Wenn die Kreisform erreicht ist, öffnen alle ihre Augen.

Atomspiel
Die Spielleitung ruft eine Zahl in den Raum, z. B. »Fünf«. Es bilden sich Gruppen zu fünf Leuten, die sich gegenseitig ihren Namen sagen. Die übrig gebliebenen »fliegen raus«. Mehrfach hintereinander spielen, bis alle ihren Namen mehrmals gesagt haben!

Ball und Name
Alle stehen im Kreis. Jeder sagt seinen Namen. Danach ruft jemand einen Namen und wirft der entsprechenden Person einen Ball zu.
→ *Variation:* Alle rennen durch den Raum. Einer ruft einen Namen und wirft der Person den Ball zu.
→ Der *Schwierigkeitsgrad* kann gesteigert werden, indem man mehrere Bälle gleichzeitig ins Spiel bringt.

Versteinern
Fünf Leute sind Fänger. Alle anderen laufen los. Wenn ein Fänger jemanden berührt hat, muss der mit gegrätschten Beinen stehen bleiben. Er kann erlöst werden, indem ein anderer zwischen seinen Beinen durchkriecht. Dann darf er wieder frei durch den Raum laufen.

Gruppen bilden nach gleichen Merkmalen
Die Spielleitung ruft: »Alle, die ein rotes Oberteil anhaben, stellen sich zusammen«, »Alle, die heute schon Zeitung gelesen haben, stellen sich zusammen«, »Alle, die im Juni Geburtstag haben …« oder Ähnliches.

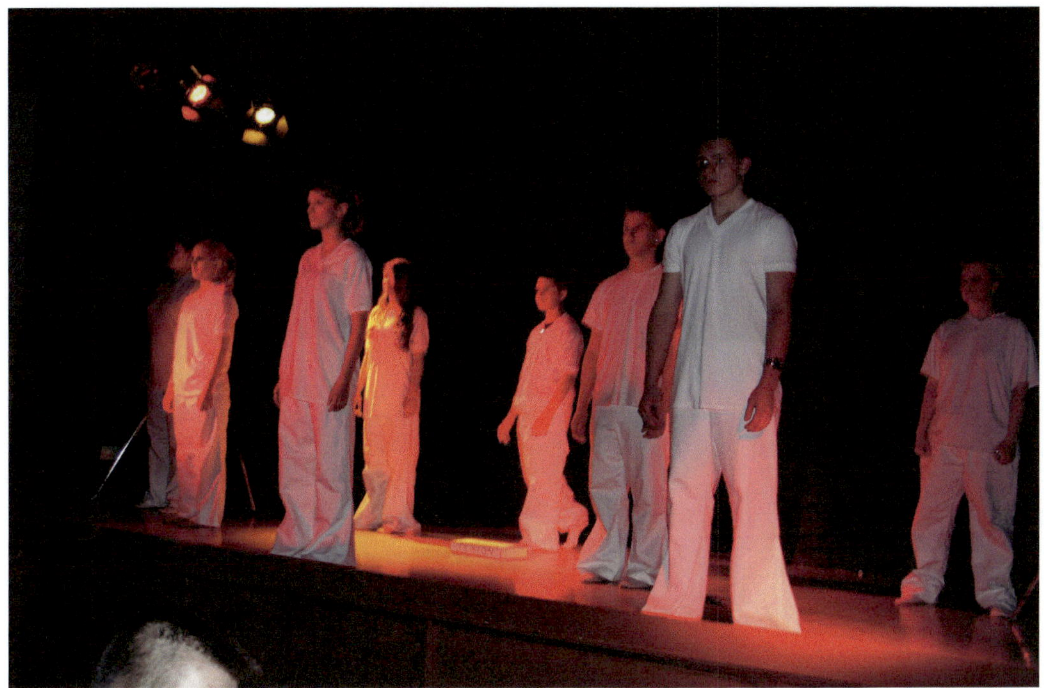

Fokus (siehe S. 56)

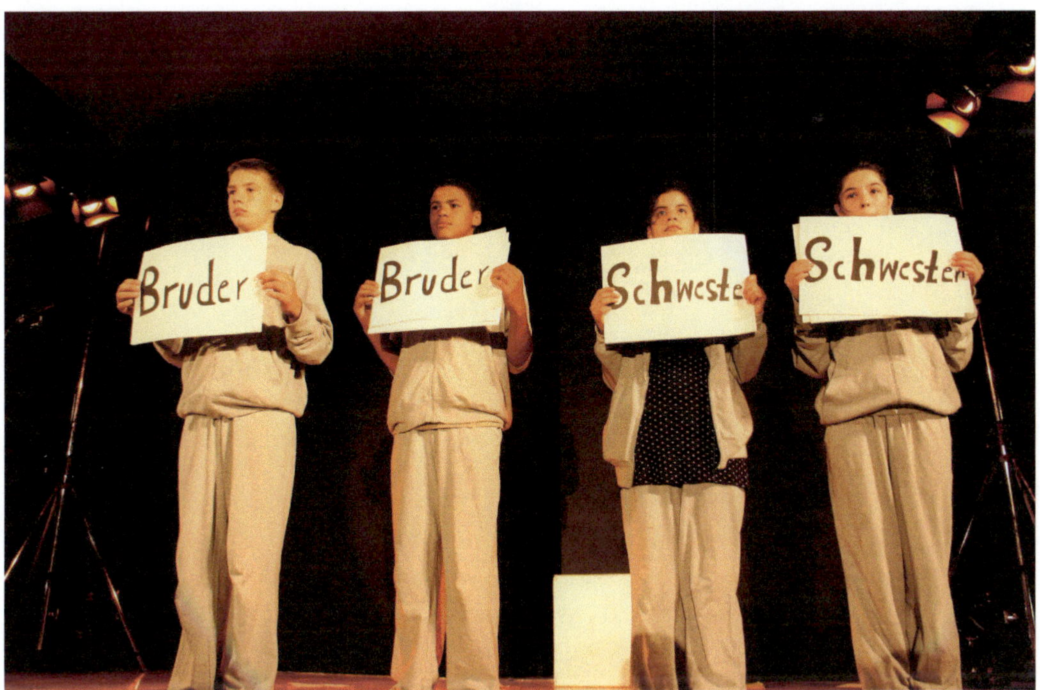

Reduktion durch Einsatz von Schildern

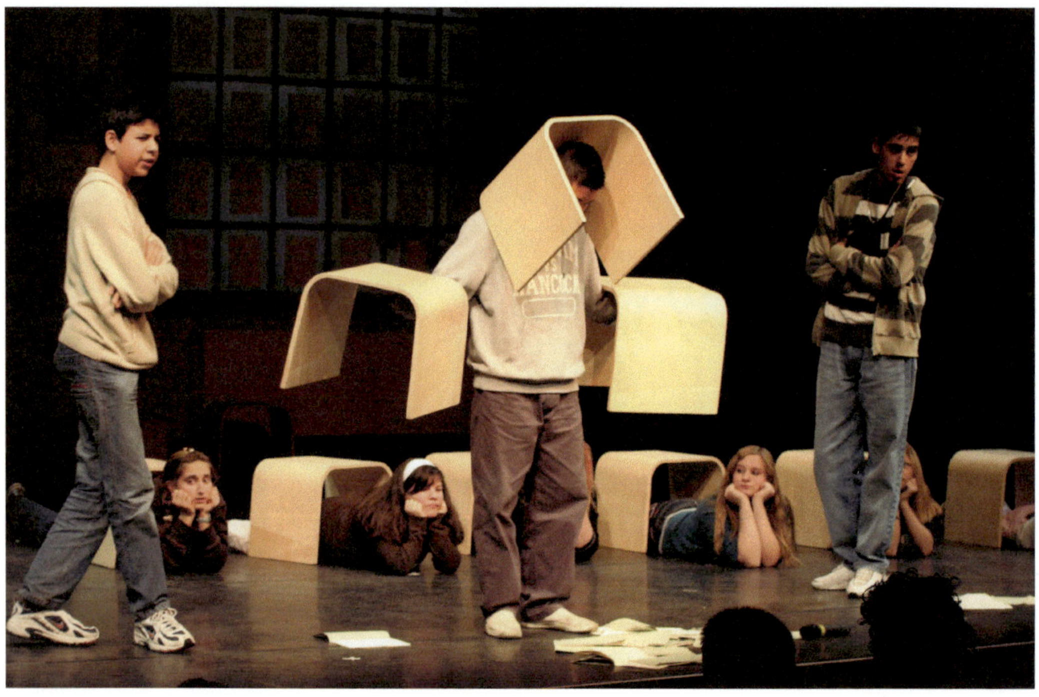

Improvisation mit Stühlen

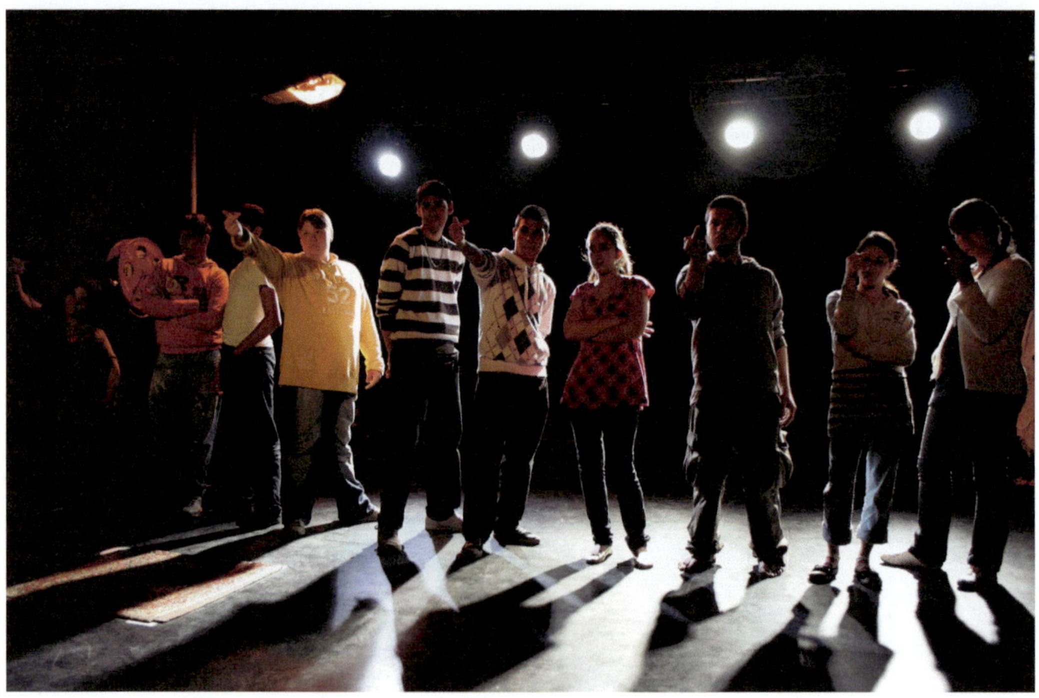

Catwalk und Pose *(siehe S. 127)*

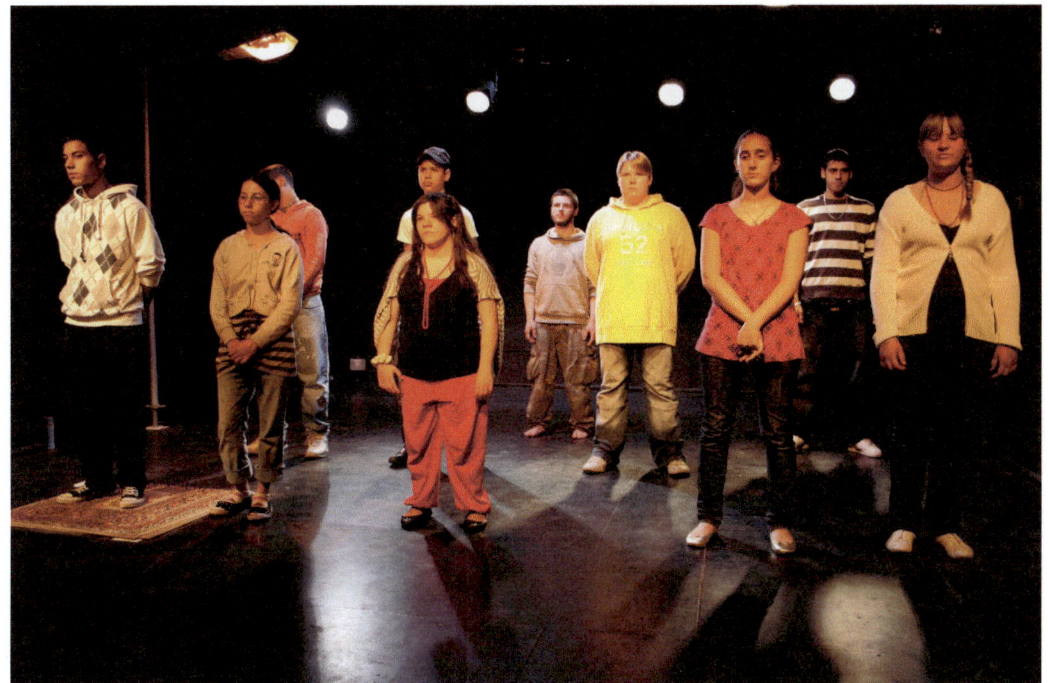

Formation und Fokus (siehe S. 57)

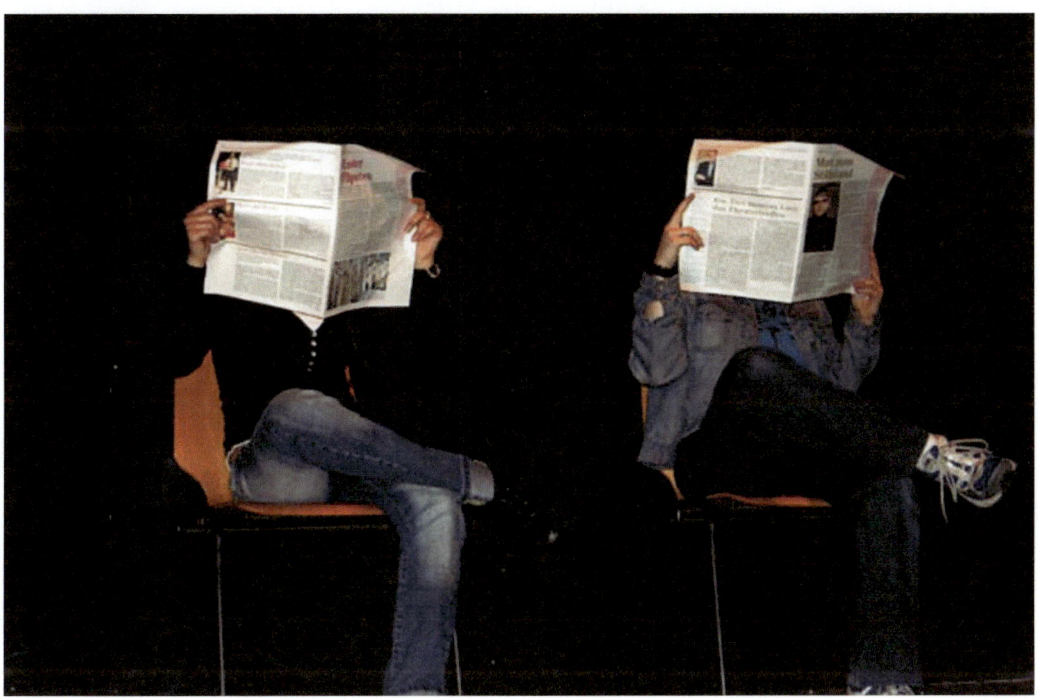

Synchrone Bewegungsabläufe

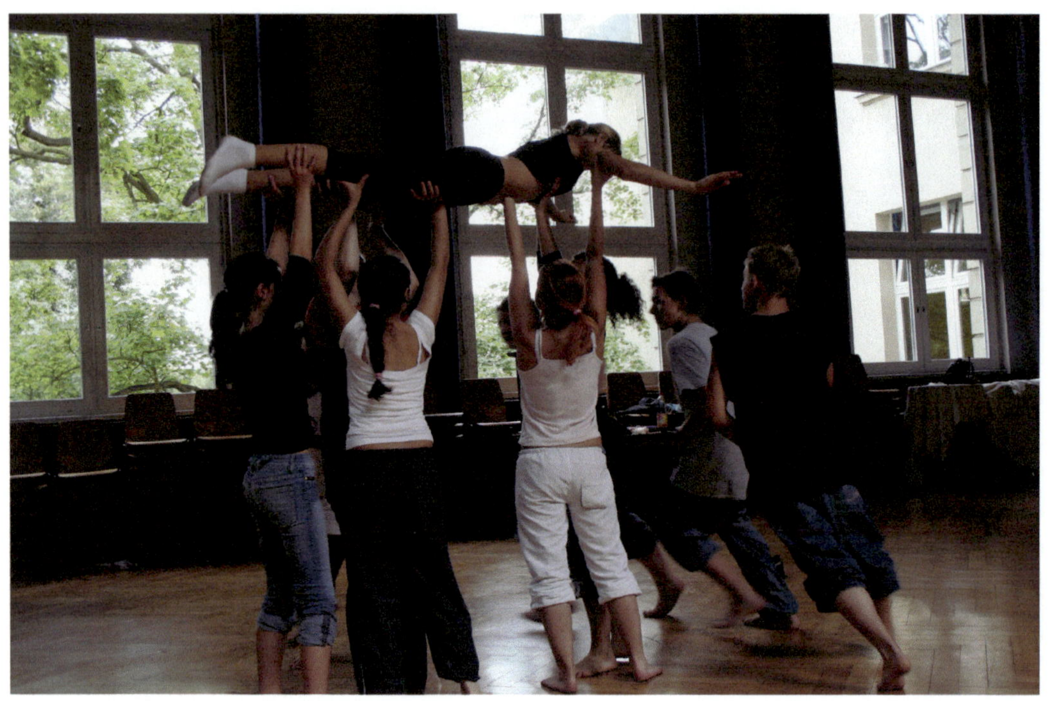

Vertrauensübung: Fallenlassen und Getragenwerden (siehe S. 84)

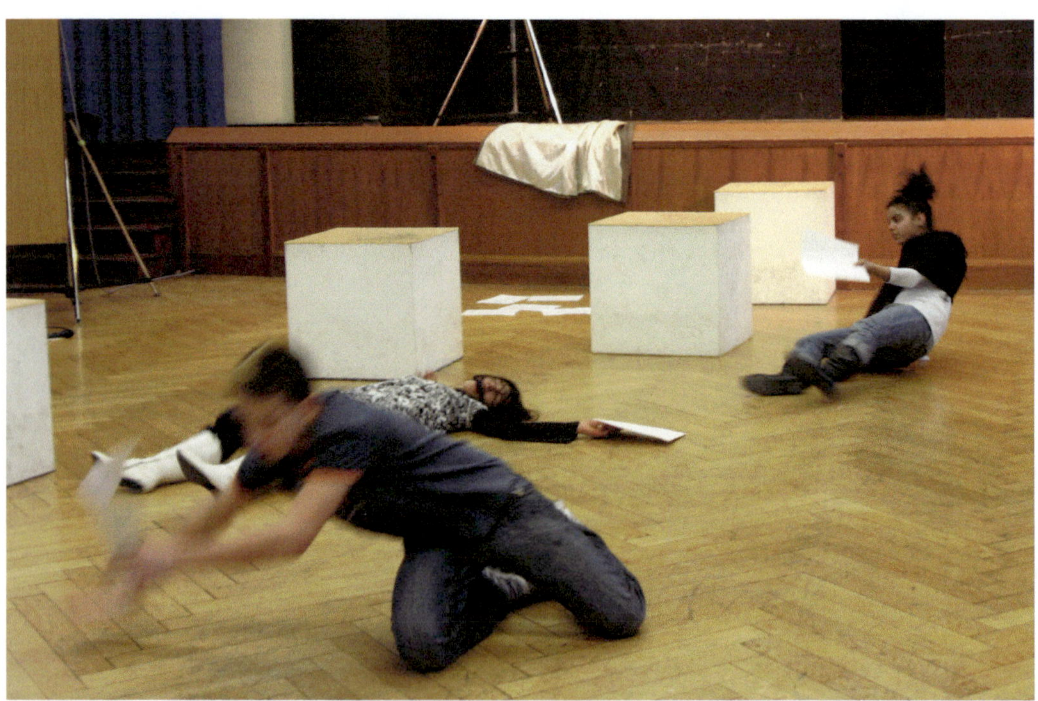

Fallen

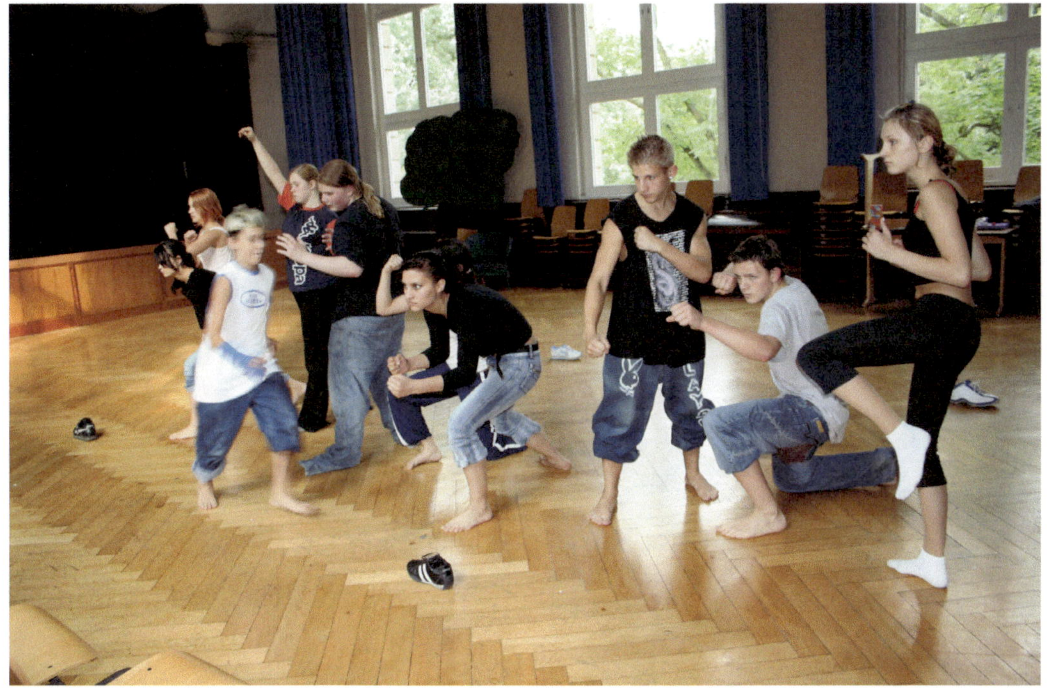

Pose »Kampf« (Freeze, siehe S. 104)

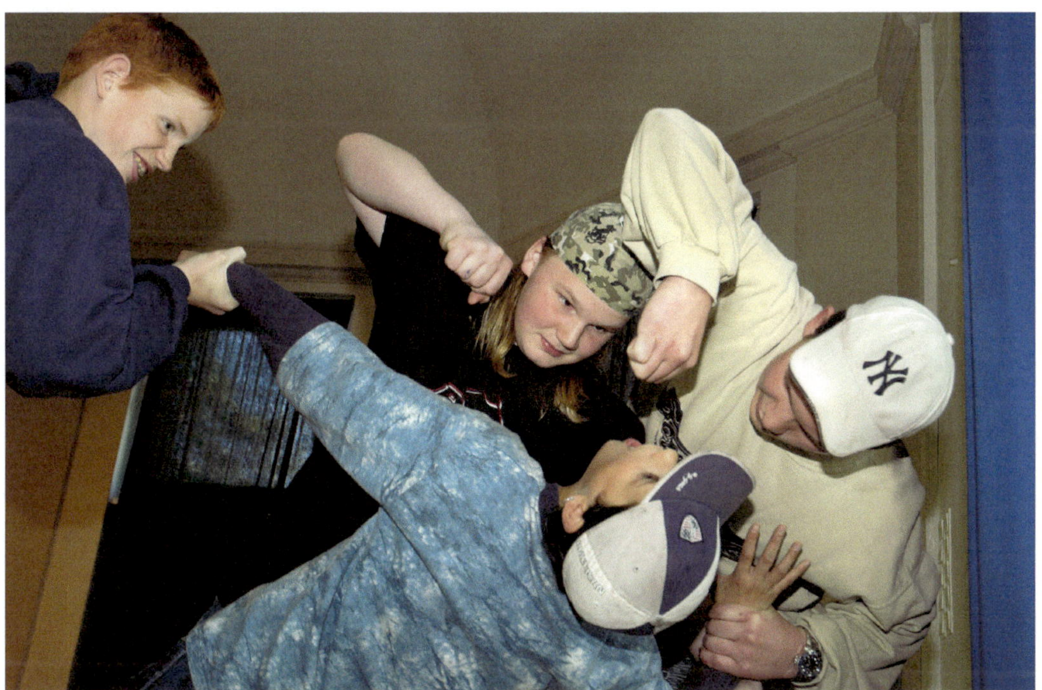

Standbild »Gewalt« (siehe S. 108)

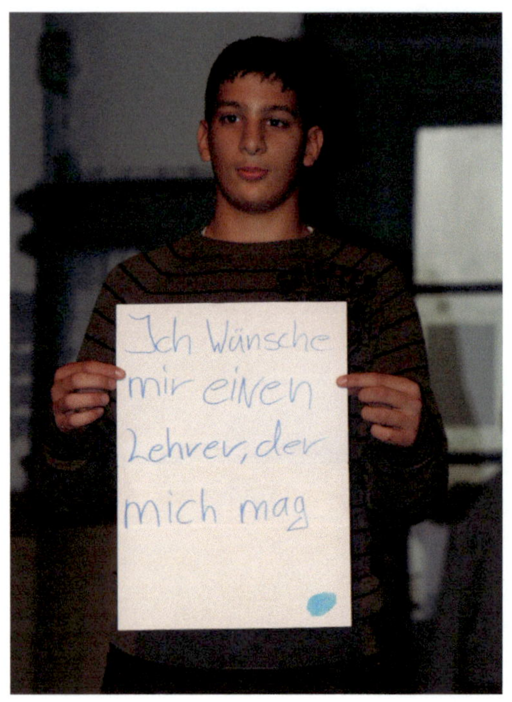

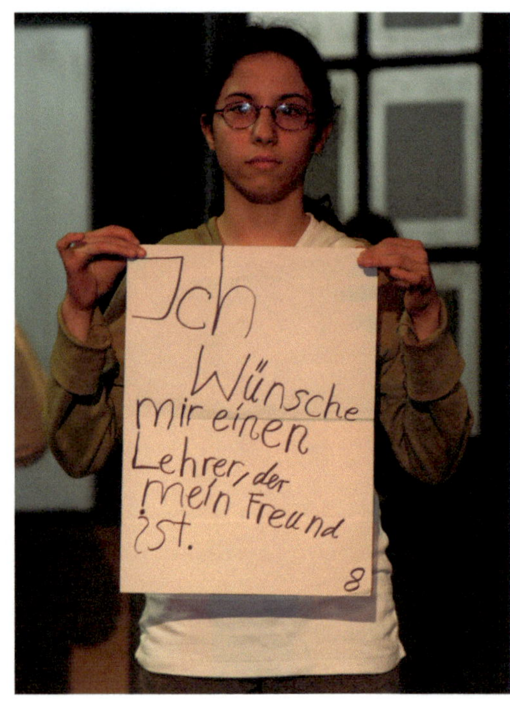

Gewinnen von biografischem Material (siehe S. 117ff.)

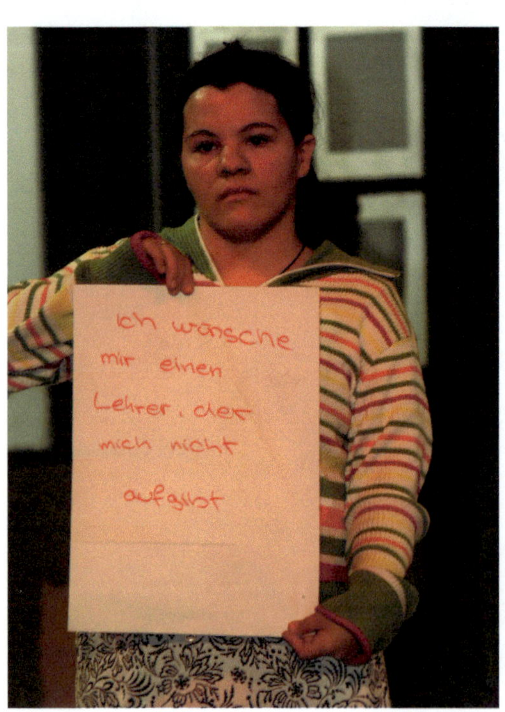

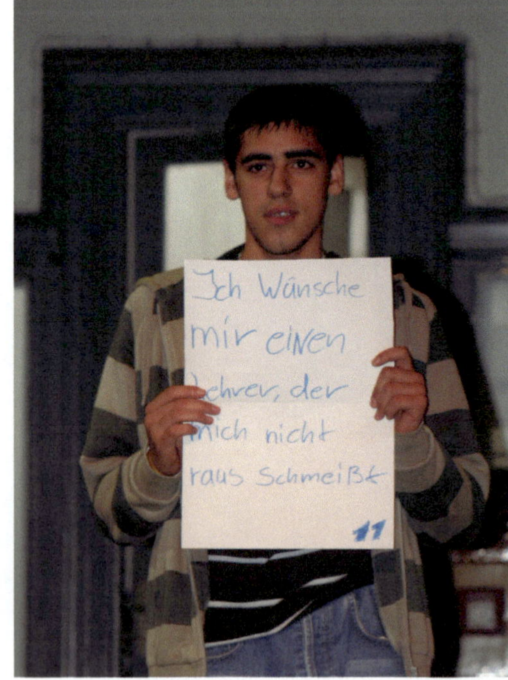

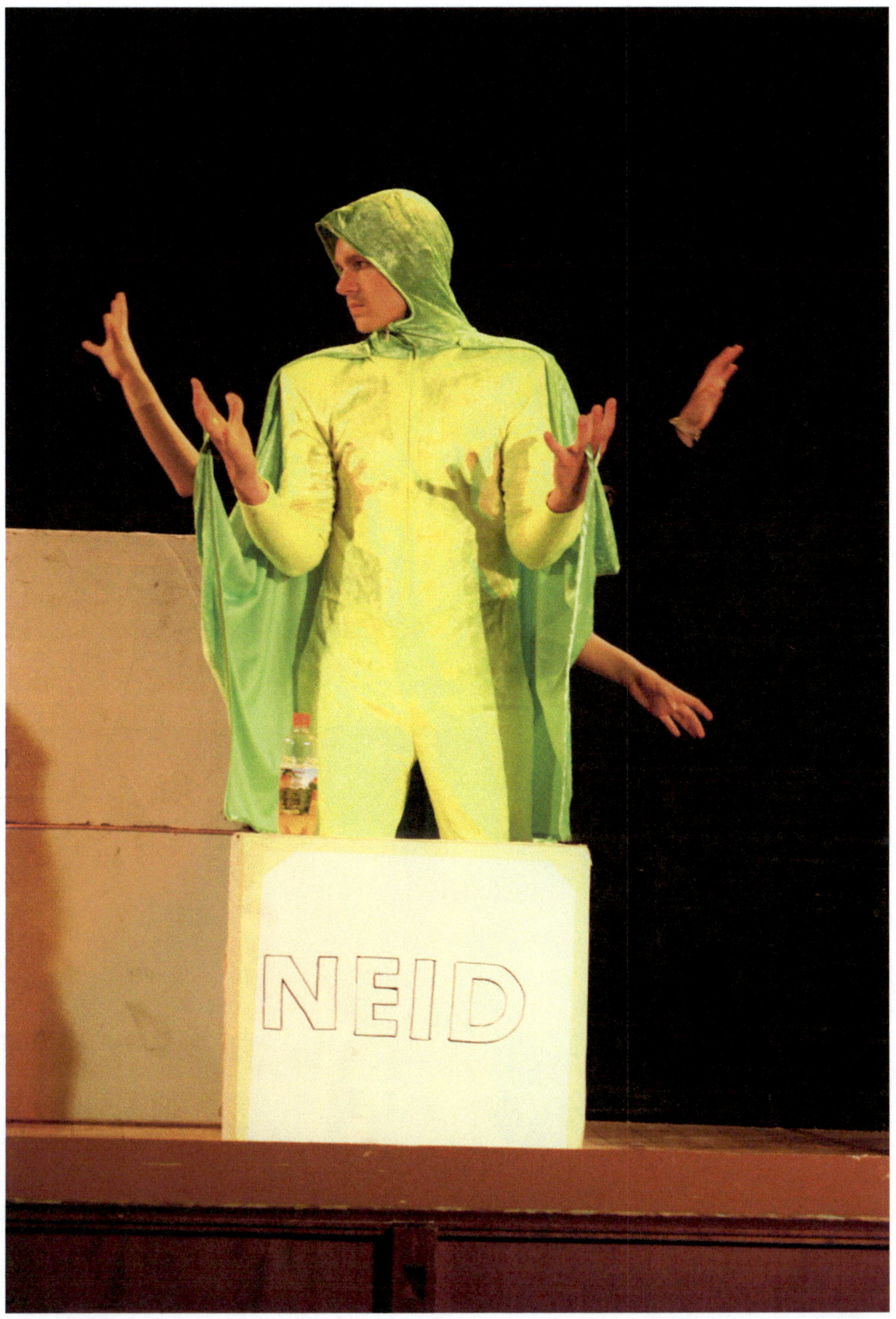

Grün vor Neid

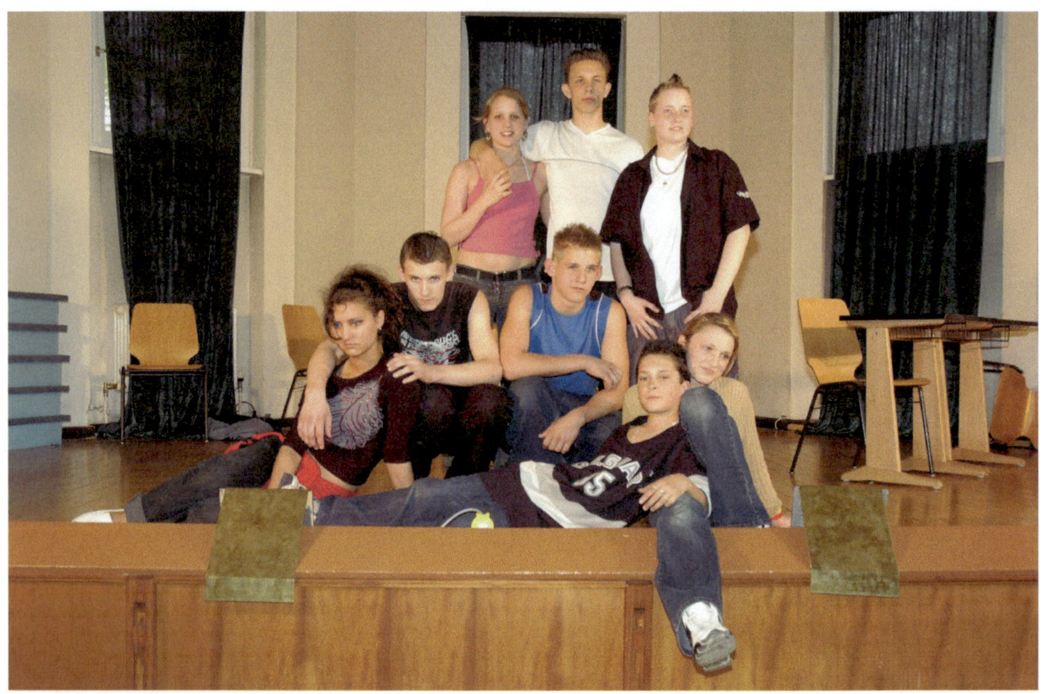

Theater macht selbstbewusst …

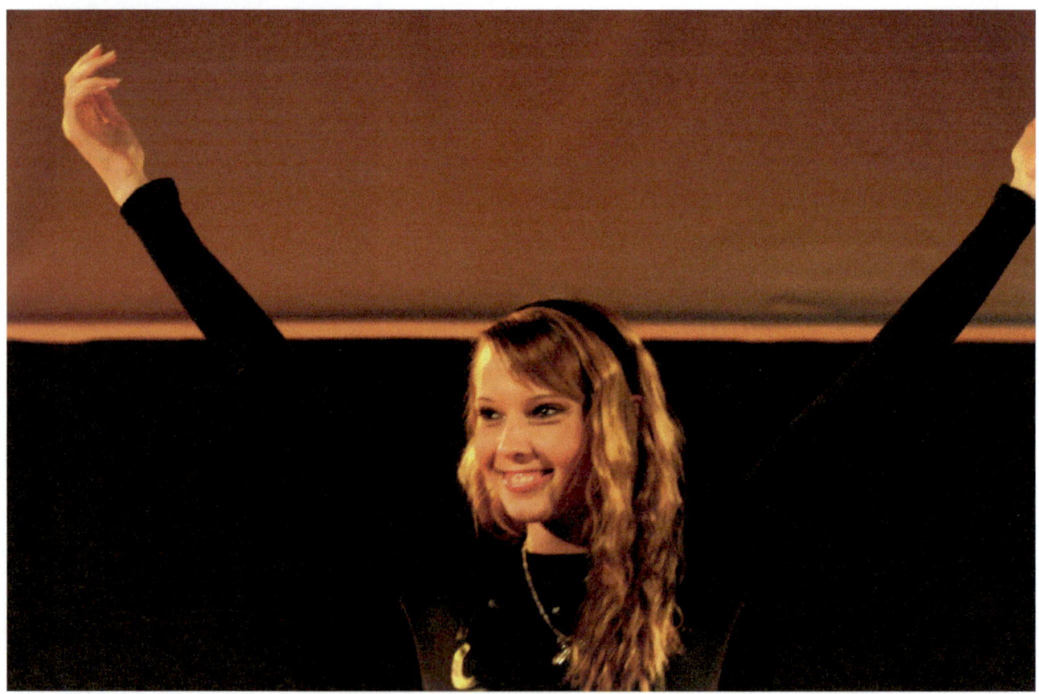

… und schön!

2. Übungen zur Konzentrationssteigerung

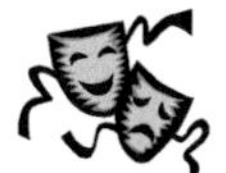

Zählkreis

Alle stehen im Kreis. Die Gruppe muss es schaffen bis zu ihrer eigenen Anzahl (wenn es 16 Spieler sind, also bis 16) hochzuzählen – nacheinander und ohne Absprache. Wenn zwei oder mehrere gleichzeitig eine Zahl sagen, muss die Gruppe von vorne anfangen.
→ *Variation:* Alle schließen dabei die Augen.

Klatschkreis

Alle stehen im Kreis. Ein Klatschzeichen soll möglichst schnell an den Nebenstehenden weitergegeben werden. Dieser wiederum gibt es an den Nächsten im Kreis weiter und so weiter.
→ *Variation:* mit Richtungswechsel

Bärenjagd

Alle stehen in lockerer Haltung im Kreis. Die Gruppe wiederholt den Text und die Bewegungen der Spielleiterin bzw. des Spielleiters:

Spielleitung: *»Wir gehen heut auf Bärenjagd!«*
Spielleitung marschiert, die Gruppe wiederholt.
Spielleitung: *»Und wir haben gar keine Angst!«*
Dazu marschieren, die Gruppe wiederholt.
Spielleitung: *»Denn wir haben ein Messer!«*
Pantomimisches Zeigen des Messers, die Gruppe wiederholt.
Spielleitung: *»Und ein Gewehr!«*
Pantomimisches Zeigen des Gewehrs, die Gruppe wiederholt.
Spielleitung: *»Hu! Was ist das?«*
Erschreckt stehen bleiben, die Gruppe wiederholt.
Spielleitung: *»Ein Wald!«*
Die Gruppe wiederholt.
Spielleitung: *»Da können wir nicht drüber.«*
Entsprechend weit ausladende Bewegung mit den Armen, die Gruppe wiederholt.
Spielleitung: *»Da können wir nicht drunter.«*
Entsprechende Bewegung, Gruppe wiederholt.
Spielleitung: *»Da müssen wir durch!«*
Ausgestreckter Arm mit erhobenem Daumen, Gruppe wiederholt.
Spielleitung und Gruppe schleichen durch den Kreis (Wald) zur gegenüberliegenden Seite und rufen im Gehrhythmus: *»Knick, knack, knick, knack …«*
Spielleitung (dreht sich zur Kreismitte): *»Geschafft!«*
Gruppe wiederholt.

Spielleitung: *»Wir gehen heut auf Bärenjagd!«*
(Text und Bewegungen wie oben, bis:)

Spielleitung: *»Hu! Was ist das?«* (Gruppe wiederholt)
Spielleitung: *»Ein Sumpf!«* (Gruppe wiederholt)
Spielleitung: *»Da können wir nicht drüber.«* (Gruppe wiederholt)
Spielleitung: *»Da können wir nicht drunter.«* (Gruppe wiederholt)
Spielleitung: *»Da müssen wir durch!«* (Gruppe wiederholt)
Spielleitung watet durch den Kreis (Sumpf) auf die andere Seite: *»Knietsch, knatsch, knietsch, knatsch …«*
Spielleitung (dreht sich zur Kreismitte): *»Geschafft!«* (Gruppe wiederholt)

Spielleitung: *»Wir gehen heut auf Bärenjagd!«*
(Text und Bewegungen wie oben, bis:)
Spielleitung: *»Hu! Was ist das?«* (Gruppe wiederholt)
Spielleitung: *»Ein See!«* (Gruppe wiederholt)
Spielleitung: *»Da können wir nicht drüber.«* (Gruppe wiederholt)
Spielleitung: *»Da können wir nicht drunter.«* (Gruppe wiederholt)
Spielleitung: *»Da müssen wir durch!«* (Gruppe wiederholt)
Spielleitung »schwimmt« durch den Kreis (See): *»Plitsch, platsch, plitsch, platsch …«*
Spielleitung: *»Geschafft!«* (Gruppe wiederholt)

Spielleitung: *»Wir gehen heute auf Bärenjagd!«*
(Text und Bewegungen wie oben, bis:)
Spielleitung: *»Hu! Was ist das?«*
Erschreckt stehen bleiben, die Gruppe wiederholt.
Spielleitung: *»Eine Höhle!«* (Gruppe wiederholt)
Spielleitung: *»Da können wir nicht drüber.«* (Gruppe wiederholt)
Spielleitung: *»Da können wir nicht drunter.«* (Gruppe wiederholt)
Spielleitung: *»Da müssen wir rein!«* (Gruppe wiederholt)
Alle zusammen gehen in die Mitte des Kreises, Hände vor die Augen haltend. In der Mitte des Kreises, eng zusammen, ertasten sie die anderen Spieler/innen.
Spielleitung: *»Es ist weich!«* (Gruppe wiederholt)
Spielleitung: *»Es ist warm!«* (Gruppe wiederholt)
Spielleitung: *»Es ist pelzig!«* (Gruppe wiederholt)
Spielleitung: *»Hu! Der Bär!«* (Erschrecken! – die Gruppe wiederholt)
Die Gruppe läuft auseinander und dann in den Kreis zurück.
Spielleitung: *»Zurück durch den See! – Plitsch, platsch, plitsch, platsch …«* (Gruppe wiederholt)
Spielleitung: *»Zurück durch den Sumpf! – Knietsch, knatsch, knietsch, knatsch …«* (Gruppe wiederholt)
Spielleitung: *»Zurück durch den Wald! – Knick, knack, knick, knack …«* (Gruppe wiederholt)
Spielleitung: *»Geschafft!«* (Gruppe wiederholt)

Wenn den Schüler/innen ein Bär zu »uncool« ist, kann man stattdessen auch eine Monsterspinne oder ein anderes Wesen jagen, vor dem sich die Schüler/innen gruseln.

Gesten-Memory

Drei oder vier Leute gehen draußen vor die Tür. Die anderen tun sich zu Paaren zusammen und verabreden eine gemeinsame Geste und eventuell ein gemeinsames Geräusch dazu. Dann verteilen sich alle durcheinander im Raum und setzen sich irgendwo auf den Boden. Die vier Leute werden hereingeholt. Der Reihe nach darf jeder von den vieren zwei Leute aufrufen (= »aufdecken« beim Memory). Er ruft z. B. »Linda!« Linda steht auf, präsentiert ihre Geste und ihr Geräusch und setzt sich wieder hin. Dann ruft der zweite z. B. »Christian!« Christian steht auf, präsentiert seine Geste und sein Geräusch und setzt sich wieder. Hat der Ratende zufällig ein Paar entdeckt, das dieselbe Geste macht, müssen beide aufstehen und sich hinter ihn stellen (sie sind seine »Gewinnerpunkte«). Jeder der Ratenden darf immer zwei Personen »aufdecken«, dann ist wieder der nächste dran. Es wird so lange gespielt, bis alle Paare gefunden sind. Derjenige, der die meisten Paare gefunden hat, gewinnt.

3. Übungen zur Sensibilisierung

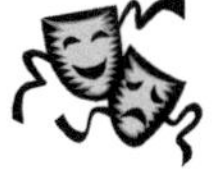

Dideldideldum

Eine Spielerin oder ein Spieler steht auf der einen Seite des Raums mit dem Rücken zum Raum und zu den anderen Spieler/innen, Gesicht zur Wand. Hinter seinem Rücken auf dem Boden liegt ein Schal oder ein anderer verfügbarer Gegenstand.

Die restlichen Spieler/innen stehen auf der anderen Seite des Raums. Auf einen Startruf hin sagt der einzelne Spieler an der Wand »Dideldideldum« und dreht sich dann um in den Raum. Währenddessen versuchen die anderen Spieler/innen, sich so schnell wie möglich nach vorne zu bewegen, um den Schal zu greifen und diesen dann auf der gegenüberliegenden Seite des Raums vor der Wand auf den Boden zu legen. Sobald sich der einzelne Spieler jedoch in den Raum gedreht hat, darf er diejenigen Spieler/innen zurück an den Start schicken, bei denen er eine Bewegung wahrgenommen hat. Die Spieler dürfen sich also nur bewegen, wenn ihnen der »Dideldum«-Spieler den Rücken zudreht.

Wenn der Schal auf der gegenüberliegenden Seite auf dem Boden liegt, hat die Gruppe gewonnen.

Blindenführer

Alle finden sich zu Paaren zusammen. Der eine schließt die Augen. Nun führt ihn die Partnerin bzw. der Partner nur durch die Berührung eines Fingers durch den Raum.

Spiegel
Paarweise: Einer macht eine Geste, die sein Gegenüber genau spiegeln soll. Die Partner/innen vollführen voreinander stehend möglichst synchrone Bewegungen, so als sei einer der Spiegel des anderen (eventuell mit ruhiger Musik). Irgendwann übernimmt der andere – ohne Absprache! – die Führung.

Synchrone Bewegungen in der Gruppe
Gruppen zu viert oder fünft bilden. Fünf einfache Bewegungsbausteine werden verabredet. Jede Gruppe muss möglichst schnell einen der Bewegungsbausteine gemeinsam ausführen. Dabei darf aber nicht gesprochen werden und die Reihenfolge der Bewegungen darf nicht verabredet werden. Je schneller die Gruppen zu synchronen Bewegungsabläufen kommen, desto besser.
→ *Variation:* Es werden keine Bewegungsbausteine festgelegt und die Gruppe muss es alleine schaffen, zu synchron ausgeführten Bewegungsabläufen zu kommen.

Raten mit geschlossenen Augen
Alle stehen in einem Kreis und schließen – bis auf einen – die Augen. Der eine stellt eine Frage zum Raum, z. B. »Welche Farbe haben die Vorhänge an den Fenstern?« Wer die Frage als Erstes richtig beantwortet, öffnet die Augen und stellt die nächste Frage.

Agentenspiel
Alle »schützen« eine Person in der Gruppe. Von draußen kommt jemand rein, der aber nicht weiß, wer in der Gruppe geschützt wird. Er muss versuchen rauszufinden, wer die geschützte Person ist, und sie zu fangen. Wenn er sie gefunden hat, neues Spiel.

Gegenstände mit falschen Namen benennen
Alle gehen kreuz und quer durch den Raum und geben den Gegenständen, die sie sehen, falsche Namen: einen Gegenstand deutlich fixieren, mit dem Finger darauf zeigen (dabei Körperspannung halten, den Arm gestreckt halten) und ein falsches Wort dazu sagen. Zum Beispiel bleibt jemand stehen, zeigt kerzengerade auf einen Stuhl und ruft: »Tisch!«

Während dieser Übung sollen die Spieler/innen versuchen, ihr Tempo zu steigern und möglichst blitzschnell falsche Bezeichnungen für die Dinge im Raum finden.

Verfolgungswahn
Einer sitzt auf einem Stuhl mit dem Rücken zum Raum, Gesicht zur Wand. Ein anderer nähert sich ihm von hinten. Wenn der Sitzende

meint, dass der andere jetzt genau hinter ihm steht, dreht er sich um. Ist der andere aber noch weit weg, hat der Sitzende zu früh »die Nerven verloren« und muss noch einmal sitzen und spielen.

Action-Foto

Eine Gruppe von Spieler/innen stellt ein »Action-Foto« (Standbild) und friert darin ein. Drei andere Spieler/innen betrachten das Standbild so lange, bis sie meinen, sich alles genau gemerkt zu haben. Dann gehen sie raus vor die Tür. Die Standbildgruppe nimmt fünf Veränderungen (z.B. in der Haltung, an Kleidung, Schmuck oder Schnürsenkel ...) vor. Die drei Spieler/innen kommen wieder in den Raum und müssen die fünf Veränderungen benennen.

→ *Variation:* Das Action-Foto kann auch thematisch vorgegeben werden, z.B. »Mafia-Clan«, »Fußball-Mannschaft« oder Ähnliches.

In der Gruppe, die das Action-Foto stellt, sollte eine Person »Manager« sein, d.h. sich die fünf Veränderungen genau merken und das anschließende Gespräch mit der ratenden Gruppe lenken. Es geschieht nämlich immer wieder, dass ein Streit darüber ausbricht, welches die fünf Veränderungen sind, weil sie teilweise vergessen wurden. Dies kann der »Manager« verhindern.

4. Übungen zur Körperpräsenz

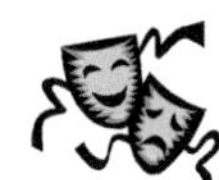

Die folgenden Übungen sind am wirkungsvollsten, wenn dazu eine langsame Musik abgespielt wird (vgl. die Liste der Musikstücke auf S. 156).

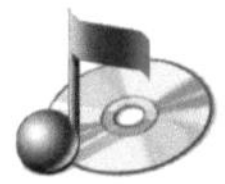

Geburt der Maschine

Alle liegen am Boden. Beim Einsatz der Musik sehr langsam aufstehen und dabei jedes Körperteil gesondert und ganz bewusst »aktivieren«. Durch den Raum gehen, bis man einen Platz gefunden hat, wo man bleiben will. Dort mit dem Gesicht zum Publikum stehen bleiben und »einfrieren« . Fokus-Haltung einnehmen (siehe S. 56).

In einer Reihe durch den Raum gehen ...

Alle stellen sich nebeneinander in eine Reihe, Rücken zur Wand und Blick in den Raum. Zur Musik sehr langsam im Fokus durch den Raum gehen. Jeder bestimmt sein Tempo selbst. Auf der anderen Seite angekommen, umdrehen, sodass man wieder in den Raum schaut, und den Fokus so lange halten, bis alle anderen auch angekommen sind und wieder in der Reihe stehen.

→ *Variation: Die Gruppe teilen.* Eine Gruppe geht durch den Raum auf die andere, zuschauende Gruppe zu. Anschließend Feedback und Reflexion über den Zuwachs von Spannung mit zunehmender Nähe.

… und langsam zu Boden sinken
Zeitpunkt des Sinkens selbst bestimmen, alles andere wie oben.

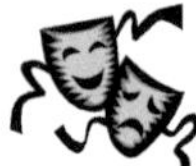

5. Auftrittsübungen

Auftrittsübung 1
Alle erhalten ein weißes Blatt Papier. Jeder soll einen Satz aufschreiben, den er auf der Bühne sagen möchte. Es werden keine weiteren Vorgaben zur Art des Satzes gemacht. Die Sätze werden heimlich auf ein Stück Papier geschrieben und in die Hosentasche gesteckt – als Kontrolle, damit niemand während des Ablaufs der Übung seinen Satz verändert.

Alle setzen sich in einer Stuhlreihe vor die Bühne. Die Spielleitung zählt laut einmal durch, sodass jede Spielerin und jeder Spieler eine Nummer hat und weiß, wann er dran ist. Die Spielleitung erklärt den nun folgenden Auftritt: Auf die Bühne gehen, einen vorgeschriebenen Weg zur hinteren Bühnenwand nehmen, dort in der Mitte mit Blick ins Publikum stehen bleiben und (lautlos) fünf Sekunden zählen, geradeaus nach vorne an die Bühnenrampe gehen, stehen bleiben, einen Satz sprechen, wieder fünf Sekunden zählen und zur anderen Seite abgehen.

In der Reihenfolge, in der die Spieler/innen sitzen, finden die Auftritte statt. Es wird nicht unterbrochen, bis die letzte Spielerin bzw. der letzte Spieler aufgetreten ist: Der erste Spieler geht allein auf die Bühne, nimmt den vorgeschriebenen Weg, spricht seinen Satz, wartet und geht ab. Alle klatschen. Dann geht der nächste Spieler auf die Bühne und so weiter, bis alle ihren Satz präsentiert haben. Anschließend wird ein Gespräch über die »innere Stresskurve« geführt, die jeder dabei empfunden hat. Es soll nicht über den Inhalt der Sätze oder die Qualität des Auftritts gesprochen werden, sondern ausschließlich über das innere Empfinden jedes Einzelnen bei dieser Übung.

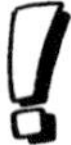

In dieser Übung soll deutlich werden, dass Stress auf der Bühne etwas ganz Normales ist und dass dieser Stress die Konzentration beeinträchtigt. Die Spieler/innen sollen sich darüber klar werden, zu welchen Zeitpunkten der Stress am größten ist und warum sie Dinge vergessen oder anders präsentiert haben, als sie es vorhatten.

Die Bewusstwerdung dieser inneren Abläufe ist wichtig, um später zunehmend kontrolliert mit diesen »inneren Fallen« umgehen zu können!

Auftrittsübung 2
Gleicher Ablauf wie oben, nur werden jetzt neue Sätze und damit auch andere Auftritte vorbereitet. Diesmal lautet die Aufgabe: »Überrasche dein Publikum!« Der Auftritt wird jetzt »zwangsläufig« lebendiger, weil der Satz und damit der Auftritt auf ein Ziel hin gerichtet ist. Hinterher Gespräch darüber, Feedback-Fragen:

- Was habt ihr gesehen?
- Was waren eure Lieblingsmomente und warum? (erste Stufe der Sensibilisierung für die Wirkung und Spannung eines Auftritts)

Auftrittsübung 3
Gleicher Ablauf und gleiche Feedback-Fragen wie in der vorangegangenen Übung, die Aufgabe lautet aber: »Renne an die Bühnenrampe und brülle das Publikum mit voller Kraft an. Finde danach einen ›richtigen‹, also stimmigen Abgang.«

Für diese Übung muss die Wahrnehmung hinsichtlich folgender Fragen geschult werden:

- Wie lange muss ich nach meinem »Ausbruch« auf der Bühne verharren, um die Kraft des Auftritts nicht zu schwächen?
- Wie gelingt es mir, die Spannung zu halten?
- Wann klatscht das Publikum automatisch und warum?
- Wie wirkt der Auftritt – authentisch, überraschend, künstlich, aufgesetzt?
- Gab es eine Steigerung der Spannung?
- Gab es Abfälle in der Spannung? Wann genau und warum?
- Wie verlasse ich die Bühne diesem Auftritt entsprechend?

Die Spielleitung sollte das auswertende Gespräch dahingehend führen, dass ehrliche Aussagen gemacht werden. Alle Menschen haben nämlich ein intuitives Gespür dafür, was »richtig« oder »falsch« ist. Dafür gibt es keine Rezepte. Man kann dieses Gespür nur bewusst machen und schärfen, indem man es fortwährend trainiert und seine Intuition ernst nimmt.

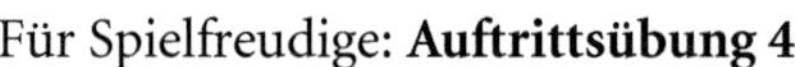

Für Spielfreudige: **Auftrittsübung 4**
Unterhalte dein Publikum auf der Bühne so lange, bis einer (oder alle) »Langweilig!« rufen. Versuche so lange oben zu bleiben, wie möglich (nach Keith Johnstone).

Modul 1: Körper, Bewegung, Ausdruck

Anhand von Übungen und Spielen zu Konzentration, Sensibilisierung, Körpersprache und Atmung werden die Komponenten für Bühnenpräsenz und Wirkung auf den Zuschauer erprobt und erarbeitet. Der von Peter Brook geprägte Begriff der »Magie im Raum« wird hier für die Spieler/innen erfahrbar. Mithilfe konkreter Beispiele soll sichtbar werden, dass in diesem Bereich weniger mehr ist.

Durch die Kontrolle über ihren Körper und wachsameres Stehen und Gehen durch den Raum erzielen die Jugendlichen Würde und Intensität. Dabei werden private Gesten und Bewegungsmuster »entlarvt« und auf ihre – unbewusste und unbeabsichtigte – Wirkung hin untersucht, um diese dann auf der Bühne kontrolliert einsetzen zu können. Durch kleinste Szenenbausteine werden die gewonnenen Effekte im Feedback-Verfahren innerhalb der Gruppe beobachtet, ausgewertet und zunehmend verfeinert.

- Zu allen Modulen werden in diesem Buch beispielhafte methodische Wege vorgeschlagen. Wenn Sie eine erfahrene Spielleiterin oder ein erfahrener Spielleiter sind, können Sie sich die Übungen auch zu einem eigenen methodischen Weg zusammenstellen (vgl. das Verzeichnis aller Warm-ups und Übungen auf S. 159f.). Falls Sie aber erst einmal Sicherheit gewinnen wollen, können Sie die im Folgenden beschriebenen Schritte in genau dieser Reihenfolge umsetzen.
- Wichtig dabei ist, dass Sie sich nicht hetzen. Wenn etwas lange dauert, wird es eventuell erst richtig gut.
- Wenn Sie merken, dass eine Übung mit Ihrer Gruppe gar nicht funktioniert, wählen Sie erst einmal eine andere Übung aus dem methodischen Weg aus.
- Lesen Sie die Übungsbeschreibungen vorher unbedingt mehrfach durch, sodass Sie wirklich vor Ihrem inneren Auge sehen, wie die Übung ablaufen soll. Ansonsten verlieren Sie im Unterricht unter Umständen an einer Stelle die Sicherheit, an der es gar nicht günstig ist. (Denn *Sie* müssen entscheiden, wann Sie im Hoch- oder im Tiefstatus sein wollen. Wenn Sie unfreiwillig in den Tiefstatus geraten, wird es schwierig.)

1. Erster beispielhafter methodischer Weg zu Modul 1

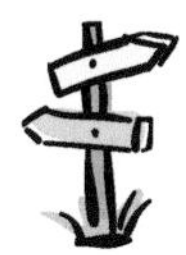

Die im Folgenden beschriebenen methodischen Wege können in genau dieser Reihenfolge mit den Schüler/innen durchgeführt werden. Jede Gruppe hat ihr eigenes Tempo. Manchmal schafft man in einer Probe nur zwei Spiele oder Warm-ups, oder ein einziger hier vorgestellter methodischer Weg kann Wochen in Anspruch nehmen. Das macht nichts. Das Wichtigste bleibt immer, dass wir jede Probe in guter Stimmung und mit einem Erfolgsgefühl für die Schüler/innen beenden, und sei der Erfolg auch noch so klein.

1.1 Warm-ups

Namen merken
siehe S. 62

Monsterspinnenjagd
siehe die »Bärenjagd« auf S. 65f.

Dideldideldum
siehe S. 67

1.2 Schärfen der Wahrnehmung

Verfolgungswahn
siehe S. 68f.

1.3 Wahrnehmen des Raumes

Raten mit geschlossenen Augen
siehe S. 68

1.4 Wahrnehmungsübung

Gegenstände mit falschen Namen benennen
siehe S. 68

1.5 »Löschen der Festplatte« – Kontrolle über private Gesten

Meditation
Alle legen sich auf den Boden (vgl. den Praxis-Tipp auf der nächsten Seite). Wenn es still geworden ist im Raum, gibt die Spielleitung folgende Anweisung:

»Entspannt eure Muskeln.
Lasst alles ganz locker.
Der Boden unter euch hält euch.
Atmet ganz tief ein.
Zieht die Schultern nicht hoch dabei.
Stellt euch vor, eure Luftröhre sei ein breiter Tunnel, durch den die Luft in euren Bauch strömt.
Tankt euren Körper auf mit Sauerstoff.
Wenn ihr bis tief in den Bauch atmet, können alle Zellen mit Sauerstoff versorgt werden, und alle Muskeln werden mit Kraft vollgetankt.
Atmet ganz tief ein und wieder aus, und atmet so, wie euer Körper atmen will.
Konzentriert euch ganz auf das Atmen.
Wenn irgendwelche Gedanken in euren Kopf kommen, lasst sie einfach so kommen, wie sie wollen.
Denkt an nichts Bestimmtes.
Lasst euer Gehirn einfach denken, was es will.
Alle Gedanken sind erlaubt.
Aber vergesst nicht zu atmen – ganz tief und ganz entspannt und locker. …«

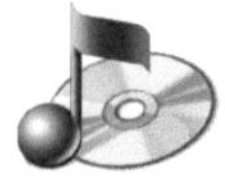

Dann schaltet die Spielleitung die Musik an. Wichtig ist, dass die Schüler/innen die Musik nicht kennen und mit nichts in Verbindung bringen. Auch sollte kein ablenkender Gesang zu hören sein, ausschließlich Instrumentalmusik. Es empfiehlt sich ruhige und harmonische klassische Musik oder Filmmusik (z.B. »Schindlers Liste«, »Casino«, »Es war einmal in Amerika«, »Chocolat«, »Die fabelhafte Welt der Amélie«; vgl. die Liste der Musikstücke auf S. 156).

Diese Phase sollte mindestens zehn Minuten dauern. Erfahrungsgemäß dauert sie aber anfangs viel länger, weil es den Schüler/innen so schwerfällt, zur Ruhe zu kommen. Als Spielleitung braucht man in dieser Phase gute Nerven, aber man sollte sich immer damit trösten, dass diese Geduld gut investiert ist. Denn die Schüler/innen gewöhnen sich (sehr) langsam, aber sicher an diese Ruhephase und lernen mit der Zeit, sich zu sammeln. Ihr Konzentrationsvermögen wird durch diese Phase maßgeblich gestärkt, und irgendwann wird diese Wirkung auch sichtbar. Jede Gruppe braucht dafür ihre Zeit, und es lohnt sich, diese Zeit zu investieren.

Viele Schüler/innen protestieren am Anfang dagegen, sich auf den Boden zu legen, mit der Begründung, dass ihre »Klamotten« dann dreckig werden. Es muss absolut klar sein, dass der Unterricht nicht weitergehen kann, wenn Einzelne sich verweigern. Deshalb sollte die Spielleitung deutlich machen, dass sich die Schüler/innen auf einem spannenden Weg befinden, der aus vielen einzelnen Schritten besteht, und man könne dabei keinen überspringen. Oft hilft es, den Schüler/innen zu erklären, dass auch professionelle Schauspieler solche Übungen machen und es vollkommen undenkbar sei, dass sich ein Schauspieler weigert, sich auf den Boden zu legen.

Die Spielleitung kann auch erzählen, dass das Fallen eine wichtige Sache beim Schauspielen ist und dass Profis lange üben, bevor sie perfekt fallen können. Sie fangen am Boden an, fallen aber später auch von Leitern und anderen Gegenständen, ohne sich dabei zu verletzen. Beim Theater spielt auch das Bodenelement als eine Spielebene eine wichtige Rolle.

Die Spielleitung sollte den Schüler/innen klarmachen, wie lächerlich es wäre, wenn ein Profi sagen würde: »Ich lege mich nicht auf den Boden, weil dann meine Sachen dreckig werden« Man kann auch auf Bruce Willis in »Stirb langsam« verweisen oder auf Brad Pitt in »Troja«. Die Botschaft muss sein: »Ein richtiger Schauspieler muss immer bereit sein, sich im Dreck zu wälzen und alles zu geben, da braucht man keine Weicheier. Und ihr seid auf dem Weg, kleine Profis zu werden, da könnt ihr nicht schon gleich am Anfang herumwinseln und aussteigen.«

So oder ähnlich kann man die meisten Schüler/innen überzeugen. Bei ganz harten Fällen empfiehlt es sich, einen Kompromiss anzubieten: Sie können die ersten Male sitzen, müssen sich aber darüber im Klaren sein, dass sie auf diese Weise nur eine »halbe Erfahrung« machen. Denn »richtig« funktioniert diese Methode definitiv nur im Liegen.

Die Spieler/innen müssen sich bei dieser Übung auch von ihren »Kumpeln« bzw. Freundinnen trennen. Es ist absolut wichtig, ein Gefühl von »Für-sich-Sein« zu erzeugen. Auch hier weigern sich viele Schüler/innen zunächst. Es hilft, ihnen zu erklären, dass sie einfach mal ausprobieren sollen, was mit ihnen passiert, wenn sie die Übung allein »durchstehen«. Jeder Mensch hat Angst vor neuen Dingen und möchte dabei lieber nicht alleine sein, aber diese Übung hat nur dann eine stärkende und wohltuende Wirkung, wenn man ganz für sich und nicht von anderen abgelenkt ist. Man kann den Schüler/innen vorschlagen, sie sollten es doch einfach mal drauf ankommen lassen und testen, wie es ihnen geht, wenn sie diese Übung ohne das Hilfsmittel »Plappern und Kichern mit der Freundin« durchhalten.

Die Übung darf erst gestartet werden, wenn alle absolut leise sind. Dazu braucht man viel Geduld. Es ist aber wichtig, dass man sich als Spielleitung niemals Ungeduld oder Ärger anmerken lässt – dann dauert es nur noch länger. Die Spielleitung muss mit unbeschwerter Ruhe, gleich einem fröhlichen, entspannten Buddha, einfach dasitzen und warten. Den Schüler/innen muss mit der Zeit klar werden, dass ihre Unruhe die Stimmung des Spielleiters in keinster Weise verändert oder gar beeinträchtigt, sondern dass das Warten einfach nur langweilig wird. Für die Spielleitung ist das am Anfang schwer zu ertragen.

Wenn man es nicht schafft, weiterhin gut gelaunt und gelassen dazusitzen, empfiehlt es sich auch, sich ganz offensichtlich zu beschäftigen – allerdings unbedingt mit der »Sache im Raum«, mit der Situation selbst und nicht mit etwas anderem wie z. B. Zeitunglesen. Letzteres würde sich negativ auswirken, weil man den Schüler/innen etwas Inkonsequentes vorlebt. Sie sollen sich auf die Situation konzentrieren, aber man selbst geht aus der Situation raus – das führt automatisch dazu, dass die Schüler/innen auch aussteigen. Man kann aber deutlich machen, dass einen das Verhalten der Schüler/innen interessiert und man es deswegen aufschreibt. Dabei sollte man aber auf keinen Fall den Eindruck erwecken, man schriebe Beschwerden über ihr Verhalten oder schlechte Noten auf. Wenn die Schüler/innen fragen, was man aufschreibt, kann man ihnen wahrheitsgemäß erklären, dass es spannend ist, wie sie sich in dieser Situation verhalten, und man eine Art Tagebuch über ihre Reaktionen schreibt.

Auch dabei muss man aufpassen, dass es auf keinen Fall so wirkt, als wollte man sie ärgern oder strafen. Die Schüler/innen sind bestimmte Verhaltensweisen von Lehrer/innen so gewohnt, dass sie zu Experten geworden sind. Sie haben ein ganzes Repertoire an Verweigerungs- und »Ich-lege-mich-mit-dem-Lehrer-an«-Techniken drauf. Und es ist oft verblüffend, wie versiert sie jeden Schritt und jede Stimmung des Lehrers parieren und ihn zur Weißglut treiben können. Aus solchen automatisierten Auseinandersetzungen und festgezurrten Lehrer-Schüler-Rollenspielen kann man nur aussteigen, indem man sich nicht auf die typischen Lehrerverhaltensweisen einlässt, sondern die Schüler/innen durch authentisches – nicht rollenspezifisches – Verhalten überrascht.

1.6 Isolationsübungen zur Wahrnehmung des Körpers

Ankommen im Raum/in der Situation: Geburt

Die Spielleiterin bzw. der Spielleiter fragt, was man als Erstes im Leben getan hat (»Atmen«). Der Spielleiter fragt weiter, was man als Nächstes getan hat: »Sehen«, »Hände bewegen« ,»Hände entdecken« und so weiter. Alle legen sich auf den Boden. Auf Zuruf folgenden Bewegungsablauf durchführen:

- tief in den Bauch atmen
- Augen öffnen
- den Raumausschnitt genau betrachten, den man in der liegenden Position wahrnehmen kann
- Hände betrachten: Finger und Gelenke bewusst bewegen
- auf die Seite rollen
- auf den Bauch rollen
- auf die andere Seite rollen
- Füße »entdecken«: Füße und Beine isoliert bewegen, drehen, alle Bewegungsmöglichkeiten bewusst austesten
- Rücken auf den Boden pressen und heben (Hohlkreuz)
- sich in den Sitzstand aufrichten, dabei Bauchmuskulatur wahrnehmen, sich wieder auf den Rücken legen, wieder in den Sitzstand usw.

- verschiedene Sitzpositionen auf dem Boden ausprobieren
- vom Sitzen in den Kniestand
- aus dem Kniestand in den Stand aufrichten
- sich nach oben recken
- Körperspannung, aufrechte Haltung
- Blick geradeaus richten, »Fokus«
- das Gehen »entdecken«: Gehen in Zeitlupe, dabei genaues Wahrnehmen der einzelnen Bewegungsabläufe
- das Tempo beim Gehen allmählich steigern
- beim Gehen über den bisherigen Tag nachdenken
- sich eine Pose ausdenken, die den wichtigsten Moment des heutigen Tages zum Ausdruck bringt
- diese Pose im Raum einnehmen und »einfrieren« (»Freeze«)

Wenn die Gruppe den Bewegungsablauf beherrscht, führt sie diesen mit Musik und bewusst dem eigenen Tempo folgend selbstständig durch. Eine Variation dieser Isolationsübung ist die (besonders bei Jungen beliebte)

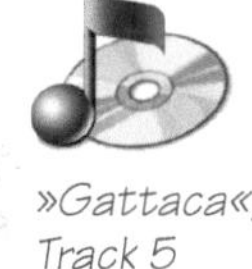

»Gattaca«, Track 5

Geburt der Maschine

Alle Bewegungsabläufe sind im Prinzip gleich wie bei der Übung »Geburt«, nur werden sie durch eine andere thematische Färbung (Maschine, Roboter) komplett formalisiert. Die Spielleiterin bzw. der Spielleiter gibt folgende Anweisung:

> *»Ihr seid Roboter, die über einen Computer gestartet und gesteuert werden.*
> *Jede einzelne Bewegung wird auf der Festplatte eingerichtet und gespeichert.*
> *Bewegungen, die jetzt nicht durchgeführt werden, können nicht auf der Festplatte gespeichert und daher dann auch später nie wieder abgerufen werden.*
> *Was der Roboter jetzt lernt, kann er. Was er jetzt nicht lernt, kann er auch später nie mehr. …«*

Die Bewegungen sind extrem formalisiert und in einzelne Bewegungsbausteine aufgesplittert. Alle Bewegungsvarianten, die die Schüler/innen anbieten, sollte die Spielleitung ermutigen, z. B. Roboter, der »hängt« (Computersprache) und daher gegen eine Wand läuft, oder andere »Fehler«, mechanische Kopfbewegung, Wiederholungen und Ähnliches.

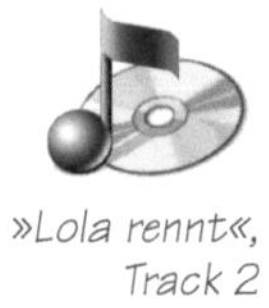

»Lola rennt«, Track 2

Aufgabe

- Es bilden sich zwei Gruppen. Jede Gruppe erarbeitet aus den Bewegungsbausteinen und zur Musik eine eigene kleine Choreografie. Es muss ein Anfangs- und ein Schlussbild gefunden werden.
- Jede Spielerin und jeder Spieler erhält eine Nummer. In der Reihenfolge der Nummern ruft der jeweilige Spieler seinen Bewegungsvorschlag und die gesamte Gruppe führt ihn aus (Synchronität).
- Die Choreografie ist zu Ende, wenn alle im Schlussbild »eingefroren« sind.

Präsentation

Jede Gruppe präsentiert der anderen Gruppe ihr Ergebnis. Die zuschauende Gruppe muss jeweils ihre »Lieblingsmomente« benennen und diese begründen (Hinführung zum Feedback).

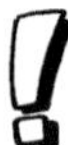

> Jede Probe muss von Anfang an so von der Spielleitung gesteuert werden, dass am Ende ein Erfolgserlebnis für die Schüler/innen steht. Alle Übungen müssen den Fähigkeiten der Gruppe dahingehend angepasst werden, dass die Jugendlichen am Ende einen Erfolg erleben – sie sollten mit guter Laune und gehobenem Selbstbewusstsein nach Hause gehen.

Beispielhafter Bewegungsablauf zur »Geburt der Maschine«

- Alle liegen auf dem Boden.
- Zur Musik (siehe oben) stehen alle sehr langsam auf (Zeitlupe) und machen sich dabei jede einzelne Bewegung bewusst, so als müsste jedes einzelne Körperteil durch Bewegung programmiert werden.
- In Zeitlupe gehen die Spieler/innen sehr langsam durch den Raum und speichern mit ihren Augen alles ab, was sie sehen.
- Dabei stellen sie sich vor, ein perfekter Roboter zu sein, der gerade alles neu programmiert, was er sieht, hört und an Bewegungen ausführt.
- Ihr Gesicht ist »auf Null gestellt«, es drückt keinerlei Gefühl oder Stimmung aus.
- Der Kopf ist leicht angehoben, der Rücken gestreckt, die Haltung gerade und voller Kraft.
- Alle Muskeln, die für die gerade anliegende Bewegung aktiviert werden müssen, sollen ganz bewusst wahrgenommen werden.
- Die »Roboter« suchen sich einen Platz im Raum, an dem sie bleiben wollen.
- Sie nehmen dort eine Position mit Blick ins Publikum ein und »frieren ein« (Freeze).
- Bewegungslos und mit klarem, konzentriertem Blick ins Publikum bleiben sie stehen, bis die Musik zu Ende ist.

Feedback

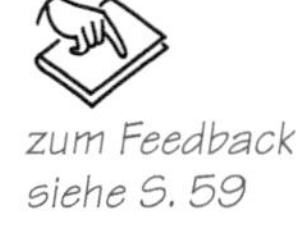

Diese Übung wird wiederholt. Zwei Schüler/innen dürfen zusehen und hinterher sagen, wer von den Spieler/innen sie am meisten beeindruckt hat und warum. *Wichtig:* Es darf nichts Negatives über die Spieler/innen gesagt werden – es geht ausschließlich darum, dass die Schüler/innen ihre ganz persönlichen »Lieblingsroboter« finden und erklären, warum sie sie ausgesucht haben. Aussagen wie »Irgendwie gut« sind verboten – es ist wichtig, dass die Schüler ihre Formulierungen konkretisieren.

zum Feedback siehe S. 59

In dieser Phase erkennen die Schüler/innen, dass sie bereits instinktiv eine Menge darüber wissen, was ein »guter Auftritt« ist.

Vertiefung

Die »Geburt der Maschine« kann zunehmend erweitert werden durch

- Änderung des Tempos,
- inhaltliche Vorgaben (z.B. Zauberwald, Gespensterschloss, Aliens landen auf der Erde, Abendgesellschaft),
- Formationsbildung bei der Positionierung im Raum (z.B. gehen alle nacheinander in ein Gruppenstandbild, das inhaltlich vorgegeben ist).

Sowohl die Meditation als auch die »Geburt der Maschine« (bzw. Isolationsübung »Geburt«) sollte am Anfang jeder Theaterstunde durchgeführt werden. Beide Übungen können in verschiedenster Weise variiert werden. Während des entspannten Am-Boden-Liegens kann die Spielleitung die Anweisungen zur Entspannung und Atmung variieren oder auch eine Geschichte erzählen. Letzteres kann themenorientiert geschehen, sodass die Spieler/innen mental auf das anstehende Thema vorbereitet werden.

2. Zweiter beispielhafter methodischer Weg zu Modul 1

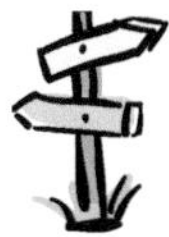

2.1 Entspannung und Einstimmung

- Alle liegen entspannt auf dem Rücken auf dem Boden.
- Alle Muskeln sind entspannt.
- Tief in den Bauch ein- und ausatmen.
- Dazu Musik.
- Beim zweiten Mal Hören langsam aufstehen und im Raum Bahnen laufen.
- Körperspannung, Blick geradeaus, dabei bewusst atmen.
- Über den Tag nachdenken.
- Einen besonderen Moment des Tages auswählen.
- Diesen Moment in einer Pose darstellen und »einfrieren«.

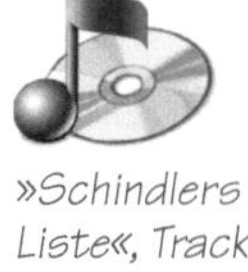

»Schindlers Liste«, Track 1

- Wenn alle in ihrer Pose angekommen sind, Musik langsam ausdrehen.
- Spielleitung »erweckt« eine Spielerin bzw. einen Spieler aus seiner Pose.
- Dieser wendet sich den anderen zu, alle lösen sich zum Zuhören aus ihrer Pose.
- Der von der Spielleitung angetippte Spieler erzählt der Gruppe das Erlebnis zu seiner Pose.
- Wenn er fertig ist, Musik wieder anstellen. Der Spieler, der erzählt hat, geht durch den Raum, die anderen nehmen wieder ihre Posen ein. Nun wählt er eine Mitspielerin oder einen Mitspieler aus, der wiederum seine Geschichte zur Pose erzählt.
- So wird weiter verfahren, bis alle ihre Geschichten dieses Tages erzählt haben.

2.2 *Konzentration, Aufmerksamkeit, Körperspannung*

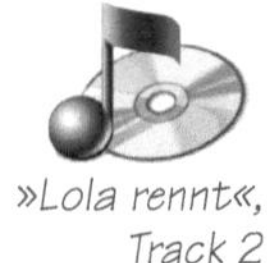

»Lola rennt«, Track 2

Ansagen und Ausführen

- Alle gehen kreuz und quer in geraden Bahnen durch den Raum.
- Spielleitung erklärt zehn verschiedene Lauftempi:
  - Tempo 1 ist »slow motion«, sehr langsames Tempo.
  - Tempo 2 ein bisschen schneller …
  - Tempo 10 ist sehr schnelles Gehen – so schnell, dass man kurz davor ist, ins Rennen zu verfallen.
- Spielleitung ruft die verschiedenen Tempi zuerst in der Reihenfolge, dann durcheinander in den Raum.

Erweiterung: Bewegungskarten

- Die Spieler/innen sammeln Bewegungsvorschläge auf A4-Blättern (ein Vorschlag pro Blatt), z.B. »tanzen«, »sich drehen«, »fliegen«, »rennen«, »schreien«, »hüpfen«, »zu zweit tanzen« …
- Die Bewegungskarten werden an einer Stelle des Raumes nebeneinander auf den Boden gelegt.
- Abwechselnd gehen die Spieler nun zu dieser »Ansagestation« und rufen Bewegungsvorschläge in den Raum, die die Gruppe ausführt.
- Es dürfen auch mehrere Bewegungsvorschläge hintereinander von einem Spieler ausgerufen werden.
- Wenn der Spieler wieder mitlaufen möchte, ruft er ein Lauftempo in den Raum (z.B. »Fünf«) und geht zurück ins Spiel. Er kann den nächsten Ansager durch Antippen an der Schulter bestimmen. Möglich ist aber auch die freiwillige Variante: Wer etwas ansagen will, geht einfach zur Ansagestation.

- Bei Gruppen, in denen dauernd alle gleichzeitig etwas ansagen wollen, empfiehlt es sich, den nächsten Ansager durch Antippen zu bestimmen.
- Die Ansagen sollten, wenn möglich, über ein Mikro gemacht werden, damit sie über die Musik hinweg hörbar sind.
- Diese Übung ist ein Vorläufer zur Übung »Puppen tanzen lassen« (s. S. 87).

2.3 Sensibilisierung der Wahrnehmung

Action-Foto
siehe S. 69

2.4 Präsenz im Raum

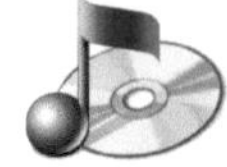

Zu den beiden folgenden Übungen empfiehlt es sich, Musik einzuspielen. Sie gibt den Spieler/innen Selbstvertrauen und hilft ihnen dabei, die Konzentration zu halten. Am besten hat sich in diesem Zusammenhang Filmmusik bewährt, z.B. aus den Filmen »Finding Neverland«, »Casino«, »Schindlers Liste«, »Chocolat«, »Die fabelhafte Welt der Amelie«.

Langsames Gehen in der Reihe

- Die Gruppe wird geteilt. Die eine Hälfte sitzt in einer Stuhlreihe auf der einen Seite des Raumes, die andere Hälfte steht in einer Reihe auf der anderen Seite des Raumes, den Blick der zuschauenden Gruppe zugewandt.
- Zur Musik geht nun die stehende Reihe ganz langsam auf die Zuschauer/innen zu und versucht dabei, Blickkontakt zu halten.
- Beide Gruppen müssen absolute Konzentration halten. Wer lachen muss, steht leise auf und verlässt den Raum.
- Die gehende Gruppe darf den Blick über das Publikum hinweg anheben, wenn der direkte Blickkontakt zu schwer wird. Dies geschieht häufig bei zunehmender Nähe zwischen Darsteller/innen und Zuschauer/innen.
- Der gehende Spieler bestimmt auch, in welchem Abstand von den sitzenden Zuschauer/innen er stehen bleibt, sich umdreht und an seine Ausgangsposition zurückkehrt.
- Anschließend nennen die Zuschauer/innen ihre »Lieblingsdarsteller« und begründen ihre Wahl.
- Die Gruppen werden gewechselt.
- Zum Schluss tauschen sich alle Spieler/innen darüber aus, wie sie sich bei dieser Übung gefühlt haben – sowohl beim Zuschauen, als auch beim Gehen durch den Raum: Intensität, Macht, Stärke und Schwäche, Raumempfinden …

> Die Regel »Wer lacht, verlässt den Raum« sollte grundsätzlich gelten. Wer sich wieder gefangen hat, kann wieder reinkommen und mitmachen.

Langsames Gehen durch den Raum unter Einbeziehung des Bodenelements

- Wieder geht eine Reihe langsam durch den Raum.
- Jeder soll aber auf dem Weg zweimal in Zeitlupe zu Boden sinken.
- Anschließend Gespräch darüber, welches beim Sinken und Aufstehen der kritischste Punkt ist.
- Die Spielleitung macht bildhaft deutlich, dass wir gegen die Erdanziehungskraft arbeiten und im Augenblick des »Plumpsens« die meiste Muskelkraft aufwenden müssen, um ein gleichmäßiges Sinken in Zeitlupe zu ermöglichen. (Beim Vormachen des Plumpsens ruhig mutig in den Tiefstatus gehen!)
- Anschließend Sinken und Aufstehen durchgehend mit konzentriertem Blick ins Publikum.
- Die zuschauende Gruppe benennt wie immer ihre Lieblingsdarsteller mit Begründung. Danach Wechsel der Gruppen.

Sensibilisierung für Variationen

→ *Variation 1:* Die gehende Gruppe bestimmt selbst, ob und wie lange (!) sie die sitzenden Spieler/innen beim Gehen direkt anblickt oder ob sie einen imaginären Punkt auf der gegenüberliegenden Seite fixiert, also über die sitzenden Spieler/innen hinwegblickt.

→ *Variation 2:* Die gehende Gruppe muss ihr sitzendes Gegenüber so lange wie möglich ansehen, den Blick aushalten, ohne zu lachen oder »privat« zu werden, d.h. keine private Gesten – die Schüler/innen sollen diszipliniert in der Rolle bleiben.

→ *Variation 3:* Die gehende Gruppe fixiert einen gegenüberliegenden imaginären Punkt an der Wand.

Anschließend Austausch über die Erfahrung dabei im Gespräch:

- Wann habe ich den Blick abgewendet und warum?
- Was ist das Schwierige an dieser Übung?
- Wie fühle ich mich zu welchem Zeitpunkt und warum?

Auch die sitzenden Spieler/innen berichten über ihre Erfahrung beim Zuschauen. Dann wählt jeder einen »Lieblingsdarsteller« und begründet seine Wahl. Anschließend Wechsel der Gruppen.

2.5 Präsenz auf der Bühne

siehe die Auftrittsübungen auf S. 70f.

Modul 2: Theaterästhetische Mittel

Wenn Schüler/innen ohne genauere Anleitung Theater spielen, entstehen eigentlich immer Sketche oder sketchartige Szenen. Um ihre Möglichkeiten auf der Bühne zu erweitern und ihren Szenen Tiefe zu geben, lohnt es sich, ihnen Schritt für Schritt Möglichkeiten der Ästhetisierung aufzuzeigen. Dadurch wird ihr Verständnis für den Inhalt einer Szene maßgeblich geschärft und eine professionelle Wirkung auf der Bühne erzielt, die auch die Schüler/innen überrascht – und stark motiviert.

Hier sollen zahlreiche ästhetische Mittel des Theaters vorgestellt, in praktischen Übungen erprobt und durch Ausprobieren auf ihre verschiedenen Wirkungen hin untersucht werden. Es handelt sich um in der Praxis bewährte Methoden, durch die Jugendliche einen leichten und motivierenden Zugang zum »Handwerkszeug des Theaters« erhalten.

1. Erster beispielhafter methodischer Weg zu Modul 2

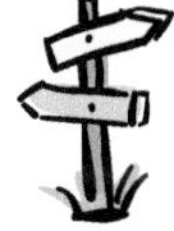

1.1 Warm-up

Klatschkreis
siehe S. 65

Zählkreis
siehe S. 65

1.2 Übungen zur Stabilisierung des gegenseitigen Vertrauens

Vertrauensübung 1
Alle Spieler/innen bilden ein »Bett« aus miteinander verschränkten Armen (an den Handgelenken überkreuz fassen). Nun kann sich jeder nacheinander mit dem Rücken zur Gruppe steif nach hinten fallen lassen und wird von den anderen aufgefangen.

Vertrauensübung 2
Variation: Man lässt sich von einem Stuhl nach hinten auf die Arme der Gruppe fallen. Diese drückt die Spielerin bzw. den Spieler auf den Händen nach oben und trägt ihn auf gestreckten Armen durch den Raum.

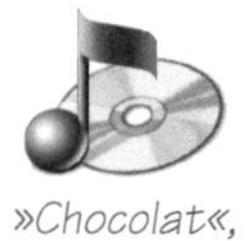

»Chocolat«, Tracks 2–4

Wer sich auf diese Vertrauensübungen einlässt, wird erleben, dass sie Glücksgefühle auslösen und das Gruppengefühl sehr verstärken.

1.3 Gefühle durch Begriffe verbalisieren und durch Körperhaltung ausdrücken

Begriffsschilder rot

- Auf Schildern werden Worte für Gefühlszustände gesammelt, z.B. Angst, Wut, Trauer, Einsamkeit, Freude, Stolz und so weiter. Mit einem roten Stift werden die Begriffe auf die Schilder geschrieben, ein Wort pro Schild.
- Die Gruppe spricht über die genannten Gefühle und erklärt sie.

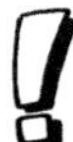
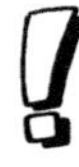

> Später entstehen noch blaue und schwarze Schilder, daher ist es wichtig, auf diesen Schildern tatsächlich die Farbe Rot zu verwenden.

- Jeder Spieler sucht sich ein Schild aus und stellt das Gefühl in einer Körperhaltung dar.
- *Präsentation zur Musik:* Nacheinander gehen die Spieler/innen auf die Bühne und frieren in ihrer gewählten Körperhaltung ein. Die anderen Spieler/innen beobachten und versuchen anschließend, die Körperhaltungen zu deuten und den Gefühlen zuzuordnen.
- Dabei Sensibilisierung für folgende Fragen:
  - Welche Haltung drückt welches Gefühl aus?
  - Welche Haltungen sind missverständlich, welche sehr deutlich, und warum?

Weniger ist mehr!

- Insgesamt gilt: »Weniger ist mehr!« Reduktion auf Wesentliches heißt auch, auffällige Mimik zu vermeiden, es geht nur um den Ausdruck des Körpers.

1.4 Vom Begriff zur inhaltlichen Situation

Standbilder

- Es werden Gruppen gebildet. Jede Gruppe wählt ein Begriffsschild aus der vorangegangenen Übung und denkt sich dazu eine passende Situation aus, bei der das Gefühl zentral in Erscheinung tritt.

- *Beispiel:* Die Gruppe wählt das Schild »Freude«. Dazu wird die Situation »Silvesterparty« gewählt – alle feiern. Das zentrale Gefühl, das dargestellt werden soll, ist Freude.
- Der wichtigste Punkt (Höhepunkt der inhaltlichen Situation) soll von der Gruppe in einem Standbild dargestellt werden.

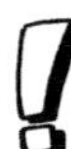
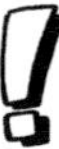

> Diese Aufgabe beinhaltet ein »Problem«, bei dessen Bewältigung den Schüler/innen die vielschichtige Bedeutung des Einsatzes ästhetischer Mittel deutlich wird.

- *Präsentation mit Musik* und anschließende *Auswertung* – wie immer »Lieblingsmomente« benennen und begründen.
- In einem weiteren Schritt soll der Schluss dieser inhaltlichen Situation in einem *zweiten Standbild* dargestellt werden.
- Ein *drittes Standbild* soll die Vorgeschichte, den Anfang, bildhaft zum Ausdruck bringen.
- Alle drei Standbilder werden nacheinander zur Musik präsentiert.
- Zwischen den Standbildern gehen die Spieler/innen entweder »formal« oder dem folgenden Standbild entsprechend (hüpfend, schleichend oder Ähnliches) kreuz und quer über die Bühne.
- Die Standbilder werden schrittweise aufgebaut, indem einer nach dem anderen seine Pose innerhalb des Bildes einnimmt.
- Anschließend *Auswertung* im Feedback-Verfahren.

Die drei Standbilder erzählen nun eine Geschichte. Sie bilden die Struktur der Szene.

1.5 Vom Standbild zur Szene

In einem letzten Schritt werden die Zeitfenster zwischen den Standbildern szenisch »aufgefüllt«: Was passiert zwischen Standbild 1 und 2 (und so weiter). Diese Szenen sollen möglichst ohne Sprache inszeniert werden.

1.6 Spielerische Einführung ästhetischer Mittel

Begriffsschilder schwarz (ästhetische Mittel)
Folgende Begriffe für ästhetische Mittel werden auf Schildern vorbereitet, ein ästhetisches Mittel pro Schild. Die Begriffe werden mit *schwarzem* Stift auf die Schilder geschrieben.

S. 56f.

Freeze	Pose	flüstern (Stimme)
Alle Blicke ins Publikum	Gruppenfoto	schreien (Stimme)
Formation	Standbild	ohne Stimme sprechen (nur die Lippen bewegen sich)
Pulk	Synchronität	Spiegeln
Fallen	Parallelität	Position im Raum
Sinken (Zeitlupe)	Tocs	Musik
Zeitlupe	chorisch sprechen	Mickey-Mousing
Zeitraffer	Catwalk	

Begriffsschilder blau (Tätigkeiten)
In der Gruppe werden Begriffe für Tätigkeiten gesammelt und mit blauem Stift auf Schilder geschrieben, eine Tätigkeit pro Schild (z.B. Zähneputzen, Winken, Tanzen und Ähnliches).

Es empfiehlt sich, pro Spiel jeweils nur *drei neue ästhetische Mittel* einzuführen und die weiteren Arbeitsschritte auch nur auf diese (zunehmend mehr werdenden) Mittel zu konzentrieren. Erst mit der Zeit wird der Umgang mit den ästhetischen Mitteln selbstverständlicher und es können Schritt für Schritt, immer im nachfolgend beschriebenen Spiel, weitere eingeführt werden:

- Es wird eine Station an der Musikanlage aufgebaut: Alle Schilder werden auf den Boden gelegt. Die blauen Tätigkeitssschilder auf die eine, die schwarzen Schilder mit den ästhetischen Mitteln (am Anfang nur drei) auf die andere Seite.
- Als gesprochener Text wird im folgenden Spiel der Satz »Wir sind gut!« verabredet. Natürlich sind auch andere Sätze möglich.

Nun kann das Spiel »Die Puppen tanzen lassen« beginnen.

Die Puppen tanzen lassen

Eine Spielerin oder ein Spieler steht mit Mikrofon an der Station. Die anderen gehen zur Musik kreuz und quer auf geraden Bahnen durch den Raum. Der Spieler an der Station ruft der Gruppe Anweisungen zu, die diese ausführt, z.B. »Freeze« (alle frieren in ihrer Bewegung ein). Alle Stimmanweisungen (z.B. »Flüstern«, »Schreien«) werden mit dem Satz »Wir sind gut!« gesprochen. Wenn der Spieler an der Station einige Anweisungen gegeben hat, geht er zurück ins Spiel und tippt den nächsten an, der wiederum zur Station geht und weitermacht.

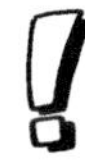

Es stellt sich schnell heraus, dass einige schwarze Schilder mit den blauen kombiniert werden müssen, z.B. »Zeitraffer« (schwarzes Schild) mit einer Tätigkeit (blaues Schild), die im Zeitraffer ausgeführt werden kann (z.B. »Zähne putzen«).

Die Anweisungen an der Station zu geben erfordert Konzentration und Kreativität, denn schnell wird klar, dass die Begriffsschilder auf unendlich viele Arten kombiniert werden können und dadurch sehr wirkungsvolle Bilder in der Gruppe entstehen.

Den Jugendlichen macht es Spaß, auf diese Weise »die Puppen tanzen zu lassen« und ständig neue Bilder und Aktionen zu sehen, zu denen sie selbst den Impuls gegeben haben. Daher ist es auch wichtig, den Spieler an der Station häufig auszuwechseln, damit jeder mal in die Position des »Regisseurs« gerät.

1.7 Verwendung der theatralen Mittel zur Ästhetisierung einer Szene

Praxisbericht

Intensiv-Bewegungstraining

Wir beginnen mit den Lauf-Warm-ups. Zur Anweisung »Pulk« kommt jetzt »Pulk 2« hinzu. Pulk 2 ist ein Standbild, zu dem sich die Schüler/innen ganz spontan formieren. Als Gruppe bilden sie zwar einen Pulk und verharren im Freeze, nehmen aber dabei eine individuelle, aussagekräftige Position ein, z.B. eine kämpferische, trauernde, fröhliche, wütende Position. Der Pulk 2 wird dadurch zu einem grotesken Standbild. Die Figuren sind in einer interpretierbaren Bewegung eingefroren, sie drücken mit ihren Körpern jeweils etwas aus. Da die einzelnen Figuren aber inhaltlich nicht aufeinander bezogen sind, wirkt der so eingefrorene Pulk grotesk.

Als Abwandlung führe ich den »Angst-Pulk«, den »Wut-Pulk« oder den »Freude-Pulk« ein, bei dem alle Spieler/innen im Pulk eine Position einnehmen, die das vorgegebene Wort (z.B. »Angst«) ausdrückt. So entsteht beispielsweise ein Pulk, der Angst, Wut oder Freude ausdrückt.

Alle bisher gelernten Bausteine werden im Warm-up in ständig wachsendem Tempo miteinander kombiniert. So rufe ich in immer kürzeren Zeitabständen neue Anweisungen in den Raum, sodass die Schüler/innen ziemlich außer Atem geraten. Folgende Bausteine werden – auch in Kombination miteinander – im Warm-up ausgeführt:

- Gehen durch den Raum im Tempo 1–10
- Freeze
- Fallen
- Zeitlupe
- Fokus
- Rückwärtsgehen im Tempo 1–10
- stilisiertes Laufen auf der Stelle mit angewinkelten Armen und angespannten Handflächen, die beim Laufen an den Seiten deutlich mitschwingen
- Formation
- Standbild
- Pulk

Durch die Kombination dieser Bausteine entstehen kleine Choreografien, z.B.:

- *Formation Reihe hintereinander:* Im Reißverschlussverfahren »explodiert« die Reihe von vorne nach hinten im Dominostein-Effekt und wird zu einer Reihe nebeneinander. Alle drehen sich eine Vierteldrehung nach links. Nun stehen alle hintereinander, der Zuschauer sieht die Spieler/innen von der Seite. Diese drehen auf einen Impuls hin den Kopf schlagartig ins Publikum. Sie beginnen auf der Stelle zu laufen, möglichst synchron. Dann fallen die Schüler/innen im Reißverschlussverfahren in Zeitlupe zu Boden, immer abwechselnd nach links oder rechts. Sie sinken sehr langsam. Anschließend schnelles Aufstehen und Weitergehen in Tempo 8 …
- Durch die *Kombination der Bausteine »Fallen«, »Zeitlupe« und »Formation«* (beispielsweise Dreieck oder Keil) entsteht ein eindrucksvoller Bewegungsablauf: Die Schüler/innen gehen in schnellem Tempo in die For-

mation »Keil«, verharren für einen Moment im Freeze und sinken dann langsam zu Boden, als hätte jemand Unsichtbares den Strom abgestellt. Das Zu-Boden-Sinken kann auch im Reißverschlussverfahren erfolgen.

Je häufiger wir das Warm-up machen, desto mehr Kombinationen fallen uns ein. Ebenso optimieren die Schüler/innen mit der Zeit ihre Bewegungsabläufe. Die Haltung wird gestreckter und kraftvoller, die Formationen bilden sich wie von Geisterhand ohne das anfangs übliche hektische, korrigierende Herumgeschubse (»Hey! Du musst hierhin!«, »Halt! Nicht dahin!«, »Ich denk, wir machen eine Diagonale?« ...).

Auf diese Weise toben wir eine ganze Zeitlang durch die Gegend, sodass schließlich alle in einem sehr wachen, geradezu »aufgedrehten« Zustand sind. Dann fordere ich die Gruppe auf, alle gelernten Bausteine in einer eigenen kleinen Choreografie zu verwenden. Die Schüler/innen erhalten 20 Minuten Zeit und sollen einen eigenen Bewegungsablauf erarbeiten. Dabei soll kein Inhalt vermittelt werden. Es geht nur um den eigenständigen Umgang mit den erlernten Elementen. Ziel ist es, möglichst ausdrucksstarke Bilder auf die Bühne zu bringen.

Nach 20 Minuten wird die Choreografie präsentiert. Der Ablauf wird einige Male wiederholt, sodass jeweils eine Schülerin oder ein Schüler im Zuschauerraum sitzen und das Gesehene anschließend beurteilen kann. Auf diese Weise werden die Bewegungsabläufe durch das Feedback des jeweils zuschauenden Schülers mit jedem Ablauf optimiert und präzisiert.

Durch dieses regelmäßige, in jeder Probe erneut absolvierte Bewegungstraining werden nicht nur Körperspannung und -ausdruck, Konzentration, Sensibilisierung gegenüber den Mitspieler/innen und Aufmerksamkeit geschult, sondern auch das Vorstellungsvermögen bezüglich ästhetisierter Bilder und Bewegungsfolgen. Der kreative Handlungsspielraum der Schüler/innen beim Entwerfen eigener Bilder und Szenen wird maßgeblich erweitert.

1.8 Anwendung ästhetischer Mittel beim Inszenieren eigener Szenen

Nun kehrt die Gruppe zu den roten »Gefühlsschildern« vom Anfang zurück. Die Szene, die beispielsweise zum Thema »Freude« gefunden wurde (Silvesterparty), soll nun unter Verwendung von drei ästhetischen Mitteln inszeniert werden.

Problem: Das Beispiel »Silvesterparty« erwies sich als schwierig, da der Gefühlszustand »Freude« nicht auf eine Person und eine dementsprechend konkrete Geschichte bezogen war. Daher hakte der Arbeitsprozess zunächst. Durch Hinzunahme des roten Schildes »Einsamkeit« aber wurde dieses Problem gelöst. Hier zeigte sich, dass eine Szene nur dann eine gewisse Intensität erreicht, wenn sie von einem konkreten Gefühl oder einer konkreten Situation einer einzelnen Person erzählt.

Die relative Oberflächlichkeit der ursprünglichen Idee (alle auf der Party empfinden Freude) wurde durch den Reflexionsprozess über die ästhetischen Mittel sozusagen »entlarvt«. Hier zeigt sich auch, dass die Reflexion über künstlerische Mittel eine größere Wahrheit auf der Bühne hervorbringt – denn auf welcher Silvesterparty sind jemals alle Menschen gleich glücklich gewesen?

Wahrhaftigkeit durch Ästhetisierung

Genau das passiert bei den Jugendlichen, wenn sie gezwungen sind, ihre eigenen Themen durch den Einsatz ästhetischer Mittel zu reflektieren – daher ist dieser Arbeitsschritt von großem Nutzen auch für den Deutschunterricht. Bei der anschließenden *Präsentation zur Musik* und der *Auswertung* erreichen die Jugendlichen ein tieferes Verständnis der Inhalte ihrer Szene. Sie haben die Perspektive gewechselt – weg von bloßer Befindlichkeit hin zur Reflexion auf einer Meta-Ebene. Hier findet eine Entwicklung von Subjektivität zu Objektivität statt.

Perspektivwechsel

1.9 *Musik als ästhetisches Mittel*

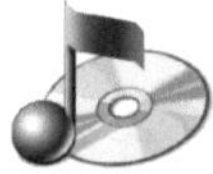

Die soeben präsentierte Szene wird nun mit anderer Musik unterlegt und auf die veränderte Wirkung hin untersucht. Ohne große Erklärungen wird den Jugendlichen klar, dass Musik der Szene eine andere Bedeutung geben kann. Musik kann unter anderem

- atmosphärisch,
- kommentierend,
- ironisierend,
- verstärkend,
- komische Wirkung erzielend oder
- als Hintergrund

verwendet werden.

Die Schüler/innen sollen ermutigt werden, zunehmend auch selbst Musik zu erzeugen bzw. eigene Musik einzubringen.

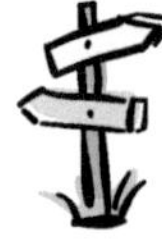

2. Zweiter beispielhafter methodischer Weg zu Modul 2

2.1 *Warm-up*

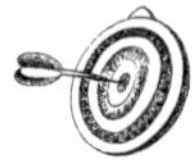

Zielscheibe (nach Keith Johnstone)
Manchmal sind die Jugendlichen zu Beginn einer Probe insgesamt so unkonzentriert und aufgedreht, dass es Sinn macht, ihren überschüssi-

gen Energien durch die folgende Übung eine Art »Kanal« zu geben. Bewusst werden unterschwellig vorhandene Aggressionen an die Oberfläche geholt und abreagiert. Oft entsteht dadurch eine hohe Energie im Raum, die anschließend für den weiteren Prozess nutzbar gemacht werden kann.

- Alle gehen in sehr schnellem Tempo kreuz und quer durch den Raum und murmeln zunächst Schimpfwörter vor sich hin – auch »schlimme« Ausdrücke sind erlaubt!
- Mit der Zeit wird die Lautstärke gesteigert bis hin zum Brüllen.
- Eine Zielscheibe wird verabredet, z.B. ein Scheinwerfer. Dieser Scheinwerfer kriegt jetzt alles ab: Einer nach dem anderen geht in vollem Tempo auf ihn zu und brüllt alles heraus, was er an Kraftausdrücken auf Lager hat.
- Am Ende dürfen auch alle gleichzeitig den Scheinwerfer beschimpfen.

→ *Für erfahrene Gruppen:* Eine Spielerin oder ein Spieler stellt sich als Zielscheibe zur Verfügung, ein anderer Spieler brüllt ihn an. Der »Zielscheibenspieler« muss versuchen, sich verbal zu wehren und den Schimpfenden außer Gefecht zu setzen. Dies kann auch durch Mimik, Einsatz von Humor oder andere, eigene Ideen geschehen.

→ *Schwierigste Variation:* Eine Spielerin oder ein Spieler stellt sich als Zielscheibe für die gesamte Gruppe zur Verfügung und versucht, die Stimmung der Schimpfenden durch Gestik, Mimik und überhaupt durch sein Verhalten zu ändern.

- Jugendliche, die sich zunächst nicht trauen, Ausdrücke in den Raum zu schmettern, muss man ermutigen, indem man selbst mit voller Kraft z.B. »Scheiße« brüllt. Wenn man sie dabei direkt ansieht und hinterher sofort anlächelt, um zu signalisieren, dass das »Gebrülle« natürlich nur Show war, sind Schüler/innen oft ganz begeistert. Sie haben selten die Gelegenheit, ihre Lehrer/innen solche Ausdrücke brüllen zu hören.
- Je schneller das Gehtempo und je mutiger und lauter das Gebrüll, desto besser.
- Insgesamt muss klar sein, dass man es nicht persönlich meint, sondern, dass tatsächlich mit vollster Energie geflucht werden soll. Die Jugendlichen reagieren zunächst sehr verblüfft, lassen sich aber nach und nach geradezu begeistert auf diese Übung ein.
- Falls eine Spielerin oder ein Spieler die Zielscheibe abgibt, muss natürlich auch klar sein, dass es sich hier um eine Art »Mutprobe« handelt und der »Zielscheibenspieler« nicht wirklich, also nicht persönlich beschimpft wird.

Abschließende Fragestellung

- Wie kann ich Macht über andere Spieler/innen gewinnen?
- Wie kann ich bewusst ihre aggressive Energie brechen?

Dies ist ein gutes Training für die Situation auf der Bühne: Wie lenke bzw. beeinflusse ich das Publikum in seiner Stimmung? Durch das Austesten von Aktionen und deren Wirkung auf andere wächst eine Sensibilisierung für die Energien, die zwischen Spieler/innen und Publikum bestehen.

2.2 Training zum Umgang und zur Anwendung ästhetischer Mittel

Puppenspieluhr

Die schwarzen Schilder mit den ästhetischen Mitteln (»Freeze«, »Zeitlupe«, »Parallelität«, »Tocs« ...) werden in einer Reihe auf dem Boden ausgebreitet.

- *Aufgabe:* Jede Spielerin und jeder Spieler stellt eine Puppe in einer großen Spieluhr dar. Auf Knopfdruck »erwacht« die Puppe und führt einen Bewegungsablauf vor. Für diesen Bewegungsablauf soll jeder Spieler zwischen zwei und fünf der ästhetischen Mittel verwenden, die auf den Schildern vor ihm ausgebreitet liegen.
- Zwei Spieler/innen gehen vor die Tür, während die »Puppen« drinnen ihre Bewegungsabläufe vorbereiten. Auch sie sollen draußen einen eigenen Bewegungsablauf einstudieren, damit sie am Ende des Spiels ebenfalls drankommen und Feedback erhalten können.

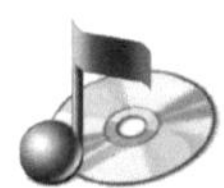

- Wenn sie wieder hereingerufen werden, stehen alle »Puppen« im Freeze in irgendeiner Pose da. Es wird Musik gespielt (ruhige Filmmusik, sie muss nicht auf die einzelnen Bewegungsabläufe abgestimmt sein).
- Die beiden Spieler/innen entscheiden sich für eine »Puppe« und aktivieren sie durch Antippen. Die Puppe startet und zeigt ihren Bewegungsablauf. Am Ende friert sie wieder in ihrer Anfangspose ein.
- Die beiden Spieler/innen müssen nun dieser Puppe die verwendeten ästhetischen Mittel zuordnen. Die Puppe selbst antwortet mit »Ja« oder »Nein«.
- Wenn die beiden Spieler/innen Probleme haben, die ästhetischen Mittel herauszufinden, dürfen sie die Puppe erneut antippen, und sie muss ihren Bewegungsablauf noch einmal präsentieren.
- Wurden die verwendeten ästhetischen Mittel erraten, darf sie mit den beiden Spieler/innen weitergehen und den anderen Puppen bei ihren Bewegungsabläufen zuschauen.

In dieser Übung lernen die Jugendlichen neben dem Einsatz und dem Erkennen ästhetischer Mittel auch, einen Bewegungsablauf wiederholbar zu machen, indem er genau festgelegt wird.

2.3 Kreativer Umgang mit den ästhetischen Mitteln innerhalb einer vorgegebenen Aufgabe

Planetenwalzer

Die Spielleitung gibt folgende Situation vor: »*Ihr befindet euch auf einem fremden Planeten irgendwann in der Zukunft. Schreckliche Dinge sind passiert und haben euch gelehrt, dass Gefühle und menschliche Kontakte euch ins Verderben reißen.*

Ihr habt eine tiefe innere Sehnsucht nach anderen Menschen, aber ihr glaubt nicht mehr, dass daraus etwas Gutes entstehen kann. Deshalb wollt ihr allein bleiben, jeder für sich. Ihr bewegt euch wie Maschinen, eure Gesichter sind starr, ihr wollt auf keinen Fall etwas Menschliches von euch zeigen. Ihr irrt allein über den Planeten und seht aus wie leblose Roboter.

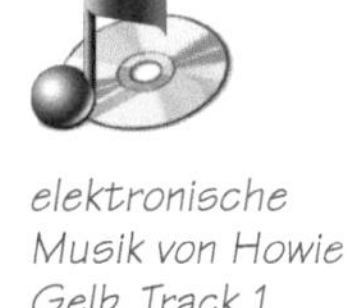

elektronische Musik von Howie Gelb, Track 1

Eines Tages passiert etwas Seltsames. Ihr könnt eure mechanischen Bewegungen nicht mehr richtig ausführen. Es ist so, als ob ein Fehler in eurem System wäre. Eure Bewegungsabläufe können über euer Gehirn nicht mehr richtig gesteuert werden. Nach und nach geht ein Körperteil nach dem anderen kaputt.«

- Bewegungsanregung zum »Kaputtgehen«: »*Euer Körper macht abstruse Wiederholungen oder Zuckungen oder völlig sinnlose Bewegungen ins Leere. Schließlich stürzt das gesamte System ab. Ihr knallt auf den Boden oder ihr bleibt irgendwie verzerrt und verklemmt in einer seltsamen Starre stehen.*«
- Der erste Durchlauf dient der Improvisation: Alle Spieler/innen probieren Bewegungsabläufe zum vorgegebenen Thema zur Musik aus. Jeder testet alles aus, z. B.
  - Wie bewege ich mich »maschinenhaft«, isoliert, emotionslos und kalt durch den Raum?
  - Wie äußert sich mein »Systemfehler«?
  - Wie gehe ich kaputt?
- Spielleitung verweist auf die Schilder mit den ästhetischen Mitteln.
- Wenn sich auf dem Planeten nichts mehr bewegt, ist der erste Teil dieser Aufgabe zu Ende und die Musik geht aus.

> Es ist ratsam, die Gruppe zu befragen, welche der ästhetischen Mittel in dieser Aufgabe besonders geeignet sind (z. B. Tocs, Zeitlupe, Zeitraffer, Freeze, Blick ins Publikum).

- Nach dem ersten Improvisationsdurchlauf werden Paare gebildet: A und B. Jeder Spieler ist entweder A oder B und einem anderen Spieler zugeordnet.
- Erneut wird zum Thema improvisiert. Diesmal aber soll durch den gezielten Einsatz ästhetischer Mittel eine Beziehung zwischen den

Partner/innen erkennbar werden: Selbst wenn sie auf der Bühne mit großem Abstand zueinander agieren, soll durch die Bewegungsabläufe oder die Positionierung im Raum deutlich werden, dass sie einmal zusammengehörten (parallele, spiegelnde Bewegungen).

- Es ist auch möglich, dass sich die Partner/innen während dieser Szene einander annähern. Doch sie verlieren sich wieder, gehen (leben, agieren) wieder aneinander vorbei. Der eintretende »Systemfehler« und der folgende Tod beendet jede Hoffnung.
- Für den eben beschriebenen Schritt erneute Bewusstmachung: »Welche ästhetischen Mittel eignen sich für die Aufgabe, durch Bewegung eine Beziehung zwischen zwei Spieler/innen darzustellen?« (Parallelität, synchrone Bewegungen, Spiegelung, Tempo, Positionierung und Ähnliches).

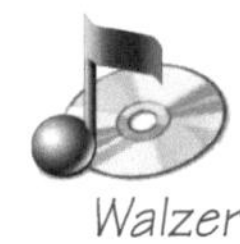
Walzer

- Diese Improvisationsphase, in der Partner A und B miteinander agieren, wird um ein letztes Element erweitert: Wenn alle an ihrem »Systemfehler« gestorben sind und sich auf dem Planeten nichts mehr rührt, tritt zunächst totale Stille ein. Nach einiger Zeit aber wird – zunächst sehr leise – ein Walzer eingespielt (langsam »hochgefahren«).
- Ein zuvor (!) bestimmter Spieler A erhebt sich aus der Totenstarre, entdeckt die Welt und all die Toten um sich herum. (Dafür kann er sich ruhig Zeit nehmen und die Szene ordentlich ausspielen: Er »entdeckt« den Planeten.)
- Er findet schließlich seinen Partner B und bemüht sich, ihn zum Leben zu erwecken (Improvisation: Mimik, Gestik und Bewegungsideen – alles ist erlaubt). Wenn er es geschafft hat, fordert er seinen Partner zum Tanz auf.
- Nun »erwachen« auch die anderen A's – eventuell auf ein verabredetes akustisches Zeichen hin, falls nicht alle den ersten A sehen können. Sie gehen auf der Bühne umher, suchen und finden ihren Partner, erwecken diesen zum Leben und fordern ihn ebenfalls zum Tanz auf. Auf diese Weise beginnen nach und nach alle Spieler/innen, paarweise zu tanzen.

- Es soll zunehmend versucht werden, tatsächlich den Walzerschritt zu tanzen. Wer es kann, hilft den anderen. Die Spielleitung tanzt mit. Meistens ist die Stimmung in dieser Phase sehr ausgelassen und positiv.
- Dieser gesamte Bewegungsablauf wird von den Paaren mehrmals geübt und es werden Bewegungsbausteine abgesprochen und festgelegt.
- Jedes Paar erarbeitet eine kleine Choreografie für sich: Wo stehen wir am Anfang? Wie gehen wir durch den Raum? Welche Bewegungen lassen unsere Beziehung zueinander erkennen? Begegnen wir uns? Wie? Wie verlieren wir uns? Wie gehen wir kaputt? Wie und wo auf der Bühne sterben wir? Wie erweckt A seinen B? …

2.4 Präsentation und Feedback

- Nach der Trainingsphase präsentieren jeweils drei Paare ihre erarbeitete Choreografie auf der Bühne. Die anderen schauen genau zu. Im anschließenden Feedback-Verfahren nennt jeder zuschauende Schüler seinen »Lieblingsmoment« und begründet diesen.
- *Abschluss:* Wenn alle Paare ihren Bewegungsablauf präsentiert haben und von der Gruppe konstruktiv ausgewertet worden sind, folgt ein letzter, gemeinsamer Durchlauf, in dem alle spielen und tanzen. Dieser abschließende Durchlauf hat sehr motivierende Wirkung und stärkt das Gruppengefühl.

- Die Spielleitung muss darauf achten, dass keine Allgemeinaussagen wie »War alles irgendwie gut« gemacht werden. Ebenso darf auf keinen Fall etwas Negatives gesagt werden. Es geht ausschließlich darum, was jeder für sich als den schönsten Moment empfunden hat, und um die Gründe dafür (positive Verstärkung).
- Die Spielleitung muss auch darauf achten, dass bei den Aussagen nicht persönliche Angelegenheiten eine Rolle spielen, z. B.: »Den XY finde ich so süß, deswegen finde ich den immer am besten, egal, was er macht.«
- Ganz wichtig ist es, dass die Jugendlichen lernen, ihren eigenen Instinkten zu trauen. Wenn man es schafft, dass sie wirklich konzentriert zuschauen (was auch einige Zeit und Nerven kostet), dann merken sie selbst, dass sie ein Gespür für »gelungene Augenblicke« haben. Sie wissen ganz genau, wann etwas gut ist, aber sie müssen lernen, ihrem Urteil zu vertrauen. Und sie müssen lernen, ihre instinktiven (und richtigen!) Wahrnehmungen angemessen zu verbalisieren.
- Aus diesem Grund ist es besonders wichtig, nie auf das Feedback zu verzichten und die Regeln einzuhalten: Jeder kommt dran. Jeder sagt nur seinen Lieblingsmoment, beschreibt diesen und begründet seine Entscheidung.
- Auch seitens der Spielleitung wird ausschließlich (!) Positives geäußert – auch gegenüber den zuschauenden Schüler/innen nur Positives und Ermutigendes. Nicht gewünschtes Verhalten wird nicht kommentiert, sondern ignoriert. Denn das Feedback-Verfahren kann nur durch das Prinzip der *positiven Verstärkung* vermittelt werden – alles andere wäre ein Widerspruch in sich!
- Deshalb ist es so wichtig, als Spielleitung auf die eigenen Worte zu achten. Wenn etwas ausgewertet wird, sind Jugendliche sehr empfindlich, und man kann sie durch einen falschen (also destruktiven) Satz verlieren und damit den Prozess um Lichtjahre zurückwerfen. Dagegen ist es von hohem Wert für den gesamten Prozess, die Jugendlichen für diese Form der konstruktiven Kritik zu gewinnen, sie Stück für Stück darin zu schulen und ihnen die Angst zu nehmen. (Und ganz nebenbei bemerkt ist dies nicht nur für die Theaterarbeit von hohem Wert, sondern auch für alle anderen Schulfächer. Insbesondere aber erlangen die Jugendlichen eine Kompetenz, die sie fürs Leben brauchen. Sie ist der Schlüssel zu einem selbstbewussten, emanzipierten und damit selbstbestimmten Verhalten

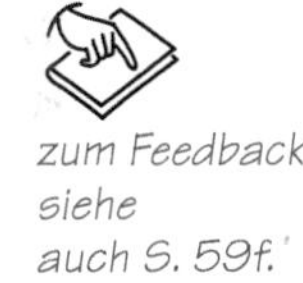

zum Feedback siehe auch S. 59f.

und Auftreten innerhalb der Gesellschaft.) Die Schüler/innen werden zu Beobachtungs- und Auswertungsexperten und können ihre Arbeit zunehmend selbstständig konstruktiv voranbringen.
- Anfangs ist es für die Spielleitung sehr anstrengend, Feedback-Gespräche immer bestärkend, positiv und geduldig zu lenken. Aber die hier investierte Kraft zahlt sich später hundertfach aus.

3. Was soll auf der Bühne erzählt werden? Von der diffusen Idee zur Geschichte

Da es an dieser Stelle sinnvoll ist, Techniken des Ästhetisierens anhand einer biografischen Quelle zu erarbeiten, soll hier ausnahmsweise auf Modul 4 vorgegriffen werden und eine Methode erläutert werden, durch die biografisches Material generiert wird. Zur Begründung des Ansatzes des »biografischen Theaters« sei an dieser Stelle auf das auf S. 115 Gesagte verwiesen. Allgemein gilt: Bevor wir uns der Generierung biografischen Materials zuwenden, sollte sich die Gruppe bereits im Umgang mit den ästhetischen Mitteln auskennen.

3.1 Gewinnen des Materials

Erarbeitung eines Steckbriefs mit bewusst offen gehaltenem biografischen Bezug

In Gruppen wird jeweils eine Hauptfigur entwickelt. Zur Orientierung wird ein Arbeitsbogen vorbereitet, auf dem alle Informationen angegeben sind, die bezüglich der fiktiven Figur gefunden werden sollen:

- Name der Figur
- Alter, Wohnort, Familie, Vergangenheit, Heimat, Freunde, Feinde
- Eigenschaften der Figur (eventuell vorher in der Großgruppe Adjektive sammeln und die Schüler/innen dafür sensibilisieren, was »Eigenschaften« sind)
- Schmerz und Schwächen der Figur (Schattenseite)
- Stärken, Wünsche, Ziele, Antriebe der Figur (Lichtseite)
- Konflikt der Figur mit der Außenwelt oder anderen Personen (Interessenkonflikte)
- Krise
- mögliche Auflösung

Je mehr Informationen die Schüler/innen erfinden, desto lebendiger wird die Figur. Fast nebenbei entstehen bereits große Teile der Geschichte.

Präsentation

- Wenn alle ihre Figur weitestgehend entwickelt haben, geht eine Gruppe auf die Bühne, die anderen nehmen vor der Bühne in einer Reihe Platz.
- Auf der Bühne stellt eine Spielerin oder ein Spieler die Hauptfigur dar und setzt sich in die Mitte. Die anderen Spieler/innen der Gruppe nehmen rund um die Hauptfigur Platz.
- Zunächst schweigt die Hauptfigur und die Spieler/innen um sie herum erzählen nacheinander und einander ergänzend alles, was sie über die Figur wissen.
- Danach darf das Publikum der Figur Fragen stellen, und diese antwortet darauf spontan. Dies ist der Augenblick, in dem die Figur endgültig »zum Leben erwacht«. Dabei entsteht oft eine beeindruckende Wirkung, weil die Figur nun tatsächlich »lebt«, d.h. der betreffende Schüler spricht nicht nur für die Figur, er spielt die Figur bereits.
- Anschließend Wechsel der Gruppen und gleiche Verfahrensweise.

Entwickeln einer Geschichte

Basierend auf diesen Informationen über die Figur entwickeln die Gruppen nun jeweils eine kurze Geschichte nach dem folgenden Raster:

- Die Figur und ihre Umwelt werden vorgestellt.
- Der Konflikt der Figur wird in einzelnen Schritten bis zur Krise beschrieben.
- Höhepunkt und Auflösung der Geschichte.

Diese Verfahrensweise ist oft der erste Schritt auf dem Weg zum biografischen Theater, da die entwickelten Figuren häufig große biografische Anteile der Spieler/innen in sich tragen (vgl. hierzu S. 115).

3.2 Die Gruppe stellt die Geschichte bzw. einen Teil der Geschichte durch gemeinsame Gesten dar

- Eine Erzählerin oder ein Erzähler wird bestimmt. Die anderen Spieler/innen bilden eine Gruppe (Formation, Pulk oder Ähnliches) auf der Bühne.
- Der Erzähler spricht, die Gruppe agiert zunächst spontan dazu.

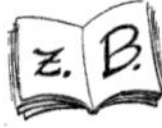

- *»Immer wenn Yussef morgens aufwachte, hatte er sehr schlechte Laune.«*
  → Alle Spieler/innen auf der Bühne ziehen ein Gesicht, murmeln »Scheiße«, kicken mit dem Fuß gegen Dinge ...
- *»Aber dann ging er zum Spiegel und begann sich zu stylen.«*
  → Alle Spieler/innen betrachten sich in imaginären Spiegeln, zupfen an sich herum, besprühen ihr Haar mit imaginärem Haarspray ....
- *»Danach fühlte er sich schon wesentlich besser.«*
  → Alle Spieler/innen grinsen ins Publikum.
- *»Er wusste, eines Tages würde er ein berühmter Gangsta-Rapper sein.«*
  → Alle Spieler machen eine Gangsta-Rapper-Pose ...

- Nach der ersten Improvisation werden Stichworte innerhalb der Geschichte festgelegt, auf die die Gruppe mit abgesprochenen Gesten reagiert. Nun kommen auch die Schilder mit den ästhetischen Mitteln wieder zum Einsatz: Die Gruppe kann synchrone Gesten verabreden, Bewegungen in Zeitlupe machen, die Position oder die Ebene im Raum wechseln (z. B. »alle fallen hin«).
- Wenn die Gruppe jeweils eine kleine Choreografie zum gesprochenen Text entwickelt hat, präsentieren die Gruppen ihre Ergebnisse auf der Bühne.
- Feedback-Verfahren: »Lieblingsmomente« und »Was habt ihr gesehen?« Keine Verbesserungsvorschläge! Die zuschauende Gruppe darf lediglich versuchen, die ästhetischen Mittel zu benennen, die die Gruppe verwendet hat.

→ *Erweiterung:* Wenn die Gruppen es wünschen, können sie an bestimmten Stellen Musik einspielen.

3.3 Bildhafte Darstellung der inneren Welt der Figur

- Wie oben erzählt eine Spielerin oder ein Spieler einen Teil der Geschichte.
- Ein anderer Spieler steht vorne an der Bühnenrampe – er kann während des Spiels auch andere Positionen einnehmen – und stellt die Hauptfigur dar.
- Die anderen Spieler/innen stellen als Gruppe an passenden Stellen des gesprochenen Textes die Gefühle, Gedanken oder einen Albtraum der Figur dar.

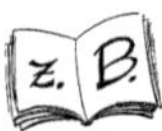

»Yussef spürte, wie der Neid auf Ali an ihm nagte.«
→ Die Gruppe verwandelt sich in einen Haufen fieser Insekten, die sich um die Hauptfigur schlängeln, sie fesseln, würgen, beengen und leise vor sich hin zischen ...

3.4 Figurensplitting

- Wie oben erzählt eine Spielerin oder ein Spieler einen Teil der Geschichte. Nun aber übernehmen die anderen Spieler/innen Rollen, die in der Szene von Bedeutung sind, z.B. Vater, Mutter, Freund …
- Die Erzählteile wechseln mit realistischem Spiel. Auch realistisches Spielen ohne Erzähler ist hier möglich. Aber: Die Hauptfigur wird von mehreren Spieler/innen gespielt.

Variation 1: Engelchen und Teufelchen
Engelchen und Teufelchen stellen auf der Bühne die positive und die negative Seite der Hauptfigur dar und agieren der Logik der Szene entsprechend: Sie können dem »Helden« Dinge ins Ohr flüstern, ihn beeinflussen, ihn zeitweise in künstliche Ohnmacht versetzen und währenddessen in den Handlungsverlauf eingreifen und Ähnliches. Engelchen und Teufelchen befinden sich im Kampf um die Seele der Hauptfigur. Bei der Art ihres Kampfes sind der Fantasie keine Grenzen gesetzt.

Variation 2: Licht- und Schattenseite
Eine Spielerin oder ein Spieler stellt die Lichtseite der Figur dar, ein anderer ihre Schattenseite. Zum Beispiel: wird die Schattenseite der Hauptfigur aktiv und unterstützt ihr Handeln, wenn sie etwas Destruktives tut. Im Gegensatz zu »Engelchen und Teufelchen« haben die psychologischen Spieler/innen aber kein Eigenleben. Sie stellen nur verschiedene Seiten der Psyche der Hauptfigur dar. Je nachdem, was innerlich in der Hauptfigur vorgeht, ist entweder der eine oder der andere Spieler aktiv.

Variation 3: Verschiedene Teile der Persönlichkeit
Mehrere Spieler übernehmen verschiedene Teile der Persönlichkeit der Hauptfigur, z.B. stellt eine Spielerin oder ein Spieler die Wut der Hauptfigur dar, ein anderer Spieler ihren Pessimismus, ein anderer ihren Mut … Diese Spieler/innen agieren anstelle der Hauptfigur, d.h. sie handeln für die Hauptfigur, je nachdem, welcher Teil der Persönlichkeit gerade für das jeweilige Handeln verantwortlich ist.

Jeder Spieler steht für einen Teil der Persönlichkeit der Hauptfigur. Die Spieler/innen können durch gleiche Kostüme als eine Figur kenntlich gemacht sein. Es ist aber auch denkbar, vorerst nicht deutlich zu machen, dass es sich bei den Spieler/innen eigentlich nur um eine Person handelt. Hierfür gibt es auch ein berühmtes Beispiel aus dem Film: »Fightclub«: Brad Pitt und Edward Norton spielen die zwei sehr konträren Seiten ein und derselben Person. Dies wird dem Zuschauer erst am Ende des Films klar.

3.5 Erfüllen von Wünschen

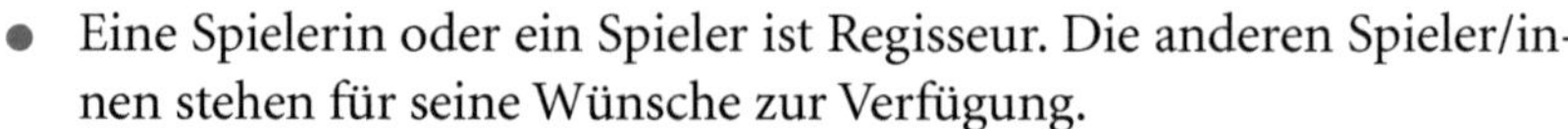

- Eine Spielerin oder ein Spieler ist Regisseur. Die anderen Spieler/innen stehen für seine Wünsche zur Verfügung.

S. 112

- Der Regisseur darf nun mit ihnen eine Szene entwerfen, in der ihm selbst ein Wunsch erfüllt wird. Beispiele:
  - Er gewinnt im Lotto. Alle müssen ihm nun zu Diensten sein. Er darf anderen Leuten dabei zusehen, wie sie sich abrackern müssen.
  - Alle müssen lieb zu ihm sein.
  - Oder: Er ist so traurig, dass er nicht mehr glaubt, dass irgendjemand ihn zum Lachen bringen kann. Deshalb ruft er einen Wettbewerb aus …

> Die »Wunscherfüllung« ist auch besonders geeignet bei Krisen, Verstimmungen oder Konflikten innerhalb der Gruppe.

Modul 3: Tanz und Bewegung – von der Improvisation zur Komposition

Tanztheater ist eine Form der Ästhetisierung, die durch ihren stark körperorientierten Schwerpunkt vielen Jugendlichen entgegenkommt. Als Form der Ästhetisierung ist das Tanztheater beim biografischen Theateransatz ein wichtiger Baustein. Den Schüler/innen wird eine neue Möglichkeit eröffnet, ihre Gefühle künstlerisch darzustellen. Dies ist ein weiterer wichtiger Schritt, um sie von der naturalistischen Spielweise wegzubringen. Durch leichte tänzerische Choreografie-Bausteine sollen die Lust an der Bewegung geweckt, das alltägliche Bewegungsrepertoire erweitert und Anregungen für eigene Ideen gegeben werden.

Ausgehend von eigenen, auch alltäglichen Bewegungen wird hier eine Methode aufgezeigt, wie man von der eigenen, natürlichen Bewegung zu einer getanzten Geschichte gelangt. Die Jugendlichen lernen, genauer zu schauen, ihren Körper als Instrument differenzierter einzusetzen, Bewegungen deutlicher zu beschreiben und damit klarer vermitteln zu können. Durch das Erarbeiten eigener Choreografien lernen sie, ihren Ideen eine theatrale Struktur zu geben.

Die Wechselwirkung von Bewegung und Emotion wird erfahrbar gemacht. Dieser sehr körperorientierte Ansatz gibt Jugendlichen die Möglichkeit, innerste Gedanken und Gefühle ausschließlich über Bewegung zum Ausdruck zu bringen und auf diese Weise eine bildhafte Sprache für das oftmals Unausgesprochene zu finden.

Beispielhafter methodischer Weg zu Modul 3

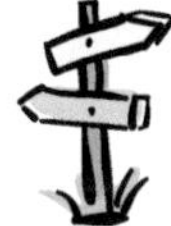

1. Warm-up

Angeleitetes tänzerisches Warm-up
Eine einfache Choreografie wird von der Spielleiterin bzw. dem Spielleiter vorgegeben und Schritt für Schritt mit den Schüler/innen erarbeitet. Diese kleine Bewegungsabfolge muss vom Spielleiter zunächst entworfen und zu Hause geübt werden, insbesondere dann, wenn die Bewegungen auf eine bestimmte Musik angepasst sind. Die Bewegungsfolge soll die unten genannten Elemente enthalten, ansonsten sind Ihrer eigenen Fantasie aber keine Grenzen gesetzt. Es geht hier nur darum, durch

eine vorgegebene kleine Choreografie Motivation für die Bewegung an sich zu schaffen und durch das gemeinsame Ausführen der Bewegungen ein Gemeinschaftsgefühl zu erzeugen.

- Oft gibt es – besonders unter den Schülerinnen – einige, die kleine Tanzchoreografien beherrschen und liebend gerne die Vortänzerin sein wollen. Sie können sich also bei diesem ersten Schritt vielleicht sogar die Arbeit abnehmen lassen, indem Sie eine Schülerin mit der Gruppe einen kleinen Tanz einstudieren lassen.
- Diese kleine Choreografie soll auch im weiteren Verlauf als Warm-up genutzt werden. Zu Beginn jeder Stunde wird es von allen gemeinsam zur Musik ausgeführt.

Fünf »basic body activities«

Die Bewegungselemente bilden die Grundlagen-Bausteine tänzerischer Bewegung. Die fünf Grundformen sind:

- Lokomotion (Fortbewegung)
- Ruhe (Haltung als Muskelaktivität, Körperspannung)
- Gestik (Bewegung von Teilen des Körpers, die kein Gewicht tragen)
- Elevation (Erhebung und Sprung)
- Drehung (sowohl einzelner Körperteile als auch des ganzen Körpers)

Drei Raumebenen

Hinzu kommt die körperliche Erfahrung von Raum durch die Einbeziehung aller drei Raumebenen:

- Bodenelement
- Körpermitte
- Streckung nach oben

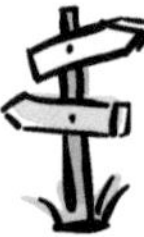

Während der Ausführung der einzelnen Bewegungselemente erfahren die Schüler ganz bewusst:

- Körperspannung und Erschlaffung
- Harmonisierung von Bewegungsabläufen
- Sensibilisierung für natürliche Bewegungsübergänge (Wie werden konträre Bewegungen harmonisch, der körperlichen Logik folgend, miteinander verbunden?)
- Erweiterung ihres üblichen, alltäglichen Bewegungsrepertoires

Durch die Abstimmung der Bewegungen innerhalb der gesamten Gruppe und das Erzielen von Synchronität entsteht bei den Jugendlichen ein starkes Gemeinschaftsgefühl und eine hohe Motivation. Diese Freude an der Bewegung setzt allerdings erst dann ein, wenn sie die Choreografie weitestgehend beherrschen und nicht mehr »nachdenken« müssen. Daher braucht man als Spielleiter/in Geduld und ein großes Maß an eigener

Begeisterung, um den Schüler/innen über die Anstrengung des Anfangs hinwegzuhelfen. Es lohnt sich, die anfängliche »Durststrecke« durchzuhalten und den Schüler/innen konsequent optimistische Ruhe und Gelassenheit zu vermitteln: Sobald sie den Bewegungsablauf beherrschen, wird deutlich spürbar Bewegungsfreude bei ihnen ausgelöst, die die Grundlage für den anschließenden Prozess bildet.

2. Tänzerische Bewegungsbausteine kombinieren

Vorstellung der Bewegungsbausteine

Die im Folgenden beschriebenen Bewegungen sind dem Film »Matrix« entnommen. Sie eignen sich aus zwei Gründen besonders für die Tanztheaterarbeit mit Schüler/innen:

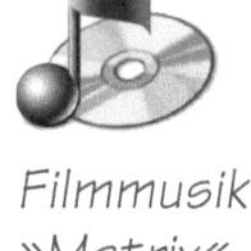

Filmmusik »Matrix«

- Sie entsprechen den oben beschriebenen »basic body activities«.
- Da der Film in den Augen vieler Jugendlicher als »extrem cool« gilt, sind sie sehr motiviert für die Ausführung der Bewegungselemente.

> Um die Bewegungen korrekt auszuführen, empfiehlt es sich, tatsächlich den Film »Matrix« anzuschauen. Es gibt drei Teile dieses Films, von denen nur der erste wirklich zu empfehlen ist. Unabhängig von allen anderen gelungenen Aspekten dieses ersten »Matrix«-Films sind die Bewegungselemente erstaunlich tänzerisch und beeindruckend und daher für die Arbeit mit Jugendlichen im Bereich Tanztheater sehr Gewinn bringend.

Die Spielleiterin bzw. der Spielleiter stellt zur gleichzeitig laufenden Filmmusik »Matrix« (Track 1) die folgenden Bewegungselemente vor und führt sie zusammen mit den Schüler/innen so lange durch, bis diese auf Zuruf in der Lage sind, sie konzentriert und mit entsprechender Körperspannung auszuführen:

- *»Die Frau in Rot«:* Alle gehen durcheinander durch den Raum. Eine Spielerin oder ein Spieler klatscht in die Hände. Alle frieren in ihrer gerade durchgeführten Bewegung blitzartig ein. Der Spieler, der das Klatschzeichen gegeben hat, geht durch die starr gewordenen Spieler/innen, betrachtet sie und friert irgendwann selber ein.
- *Gehen auf der Stelle:* Im Zeitraffer wird eine Gehbewegung auf der Stelle durchgeführt. Dabei sind die Handflächen durchgestreckt, die Finger geschlossen, die Arme bewegen sich im schnellen Takt der Gehbewegung in entgegengesetzter Richtung zu den Beinen (so wie die Arme auch beim Gehen natürlicherweise entgegengesetzt mitschwingen). Das Bild, das die Jugendlichen bei dieser Bewegung im Kopf haben, ist das rasant schnelle Laufen z. B. von »Trinity« über die Dächer.

- *Gehen durch den Raum:* Die Spieler/innen gehen auf schnurgeraden Bahnen mit erhobenem Kopf und mit vollster Körperspannung durch den Raum (Assoziation: »Neo« im schwarzen Mantel).
- *»Katzengrätsche«:* Diese Bewegung entspricht dem katzenartigen Sprung von Trinity beim Angriff. Es ist ein Plié der Beine (Beugung) mit zu den Seiten ausgestreckten Armen und leicht geneigtem Kopf. Diese Position wird zunächst zu ebener Erde geprobt, später beim Sprung in der Luft. Hierbei ist extreme Körperspannung gefragt.
- *»Schuss über den Kopf«:* Der rechte Arm wird von rechts nach links in einem weiten Kreis über den Kopf und dann nach hinten über den Rücken geführt. Dabei beugt sich der Oberkörper weit nach hinten. Der Kopf wird dabei so weit nach hinten gebeugt, dass man alles überkopf sieht. In dieser Bewegung kurz verharren. (Diese Bewegung kopiert Neo, als er von den Agenten beschossen wird und den Kugeln ausweicht.)
- *»Schusswechsel« mit Drehung:* In schnellen, großen Schritten wird eine Drehung um die eigene Achse durchgeführt. Dabei wird der gesamte Raum auf einer geraden Linie durchquert. Die Arme führen ausgestreckt eine kreisende Bewegung von hinten nach vorne abwechselnd an den Seiten des Körpers durch. (Hierbei stellen sich die Jugendlichen vor, dass sie in jeder Hand ein Maschinengewehr halten und während der Drehung des Körpers jeweils mit der linken und dann mit der rechten Hand Schüsse nach vorne abfeuern. Dies entspricht dem Bewegungsablauf von Trinity und Neo, als sie Morpheus aus der Gewalt der Agenten befreien und dabei eine ganze Etage zu Bruch schießen.)
- *»Kampferöffnung«:* Die Spielerin bzw. der Spieler steht mit geschlossenen Beinen gerade gestreckt im Raum. Die Hände hält er voreinander vor das Gesicht. Die Handinnenfläche der rechten Hand zeigt nach links, die Handinnenfläche der linken Hand nach rechts. Der Spieler öffnet dann die Beine in ein weites Plié und öffnet gleichzeitig die Hände überkreuz. (Diese Bewegung kopiert die Kampfausgangsposition von Morpheus und Neo beim virtuellen Kung-Fu-Kampf.)
- *»Stopp«:* Die Spielerin bzw. der Spieler steht mit geschlossenen Beinen gerade gestreckt und mit erhobenem Kopf im Raum. Er hebt den rechten Arm mit nach oben ausgestreckter Handfläche bis zu einem rechten Winkel zu seinem Körper. (Dies entspricht der abwehrenden Geste Neos im Film, als er erkennt, dass er die Kugeln der Agenten durch reine Geisteskraft abwehren kann.)

Erfahrungsgemäß hat diese Übung eine sehr motivierende Wirkung auf die Spieler/innen. Sie trauen sich, Bewegungen auszuführen, die sie sonst nie wagen würden, weil sie das »coole« Vorbild der Figuren aus dem Film bzw. den Computerspielen vor Augen haben. Einige Schüler/innen machen eventuell ergänzende Bewegungsvorschläge, die unbedingt Eingang in ihre eigene Choreografie finden sollten.

Aus den einzelnen Bewegungsbausteinen eine eigene Choreografie erstellen und präsentieren

- Wenn alle Spieler/innen die einzelnen Bewegungsbausteine beherrschen, werden vorne Karten ausgelegt, auf denen – zur Orientierung beim folgenden Arbeitsschritt – jeweils ein Bewegungsbaustein in großen Buchstaben geschrieben steht. Zum Beispiel steht auf einem Schild »Katzengrätsche«, auf einem anderen »Schusswechsel mit Drehung« und so weiter.
- Die Spielleiterin bzw. der Spielleiter erinnert an verschiedene Formationsmöglichkeiten einer Gruppe im Raum (die durch das Spiel »Puppen tanzen lassen« bekannt sind, siehe S. 87). Zum Beispiel bilden die Spieler/innen eine Diagonale, eine Reihe nebeneinander vorne an der Bühnenrampe, ein Rechteck, einen Keil oder Ähnliches.
- Nun sollen die Jugendlichen einen Bewegungsablauf selbst erarbeiten, indem sie die vorgestellten Bewegungsbausteine benutzen und diese in verschiedenen, passenden Formationen synchron präsentieren – von einer Formation zur nächsten wird durch das »Gehen auf geraden Bahnen durch den Raum« gewechselt.
- Um diese Arbeit zu erleichtern, empfiehlt es sich, dass sich jede Spielerin und jeder Spieler einen oder zwei Bewegungsbausteine aussucht, für die er verantwortlich ist.
- Nun hören die Spieler/innen zunächst die Musik von »Matrix«. Wenn ein Spieler der Meinung ist, dass die gerade zu hörende Musiksequenz für seinen Bewegungsbaustein passend ist, ruft er seinen Bewegungsbaustein laut in die Gruppe, z. B. »Katzengrätsche«. Dann führen alle Spieler/innen gleichzeitig die »Katzengrätsche« vor.
- In einem weiteren Schritt müssen sich die Schüler auf einen geordneten Formationswechsel einigen, z. B.:
  - »Wann machen wir eine Diagonale und wie kommen wir von da zu einem Rechteck?«
  - »Welche Bewegungsbausteine werden in welcher Formation synchron ausgeführt?«

  Beim Wechsel der Formationen ist zu beachten, dass es Bewegungsbausteine gibt, die im Stand, und andere, die in der Fortbewegung ausgeführt werden.

Für den Bewegungsbaustein »Schusswechsel« empfiehlt es sich, vorher eine Reihe an der Bühnenrampe zu bilden und dann die schießende Drehung um die eigene Achse auf geraden Bahnen nach hinten durchzuführen.

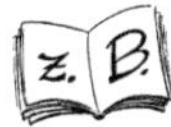

Zwei Gruppen erarbeiten unabhängig voneinander eine eigene Choreografie.

Während die Gruppen ihre Choreografien erarbeiten, sollte ununterbrochen die Filmmusik spielen. Da diese Musik nicht in Takte aufgeteilt und auf die einzelnen Bewegungen abgestimmt werden muss, erfolgen Bewegungswechsel nur auf Zuruf oder einen vereinbarten »Vortänzer«. Dies ist für die Schüler/innen erheblich einfacher als das Auszählen von Takten und das Zuordnen von Bewegungen. Sie haben relativ schnell ein Erfolgserlebnis und staunen über die professionelle Wirkung ihrer Arbeit. Die üblichen Hemmungen beim Ausführen tänzerischer Bewegungen werden auf diese Weise erheblich abgebaut.

Die Gruppen präsentieren ihre Choreografie jeweils der anderen Gruppe. Auswertung und Feedback wie oben beschrieben.

3. Erweiterung für sehr interessierte Schüler/innen

Nicht in allen Gruppen umsetzbar!

Körperhaltungen beobachten und beschreiben

Alle Spieler/innen setzen sich mit Stift und Papier an den Rand und beobachten verschiedene Körperhaltungen des Spielleiters. Die Spieler/innen sollen ihre Beobachtungen möglichst spontan und unreflektiert aufschreiben, Stichworte sind ausreichend.

Die Schüler/innen darauf hinweisen, dass sie ihre Stichworte durchnummerieren, damit sie hinterher noch wissen, auf welche Bewegung sich ihre Notizen beziehen.

- Spielleiter liegt flach in starrer Körperhaltung auf dem Rücken, Arme gestreckt am Körper, Beine gestreckt und geschlossen.
- Spielleiter liegt ohne Körperspannung, Arme und Beine unkoordiniert angewinkelt, auf dem Rücken (wie »erschossen«).
- Spielleiter liegt mit gestreckten, geschlossenen Beinen auf dem Rücken, die Arme im rechten Winkel zum Körper in die Luft gestreckt.
- Spielleiter sitzt zusammengekauert auf einem Stuhl, die Beine an den Körper gezogen (»Embryo-Haltung«).
- Spielleiter sitzt vornüber gebeugt, Beine breitbeinig am Boden, die Arme hinter dem Rücken gerade in die Luft gestreckt.
- Spielleiter sitzt vornübergebeugt, Beine breitbeinig am Boden, Arme sind vor dem Körper verschränkt, Hände liegen gekreuzt auf den Schultern auf.
- Spielleiter sitzt breitbeinig auf dem Stuhl, Arme hängen an den Seiten, Blick in den Raum.

- Spielleiter steht aufrecht in angespannter Körperhaltung im Raum, Arme gestreckt am Körper, Beine geschlossen.
- Spielleiter steht vornübergebeugt, Arme hängen vorm Körper schlaff nach unten, Beine gebeugt.
- Spielleiter steht gerade, den Kopf und die Arme nach oben gereckt.

Die Spieler/innen äußern sich nun zu ihren Eindrücken: »Welche Wirkung hatten die Bewegungen auf mich als Zuschauer?«

Sensibilisierung: Verschiedene Körperhaltungen ausführen
Alle führen die zuvor gesehenen Haltungen auf Anweisung der Spielleitung selbst aus und kommentieren ihr Gefühl dabei. Es wird deutlich, dass sich durch das Einnehmen einer Haltung ein Gefühl beim Spieler selbst einstellt, das für die Wirkung auf den Zuschauer verantwortlich ist.

4. Finden eigener Körperhaltungen zur Musik

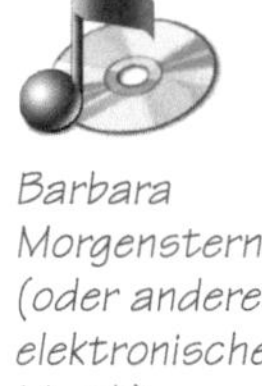

Barbara Morgenstern (oder andere elektronische Musik)

Zur Musik sollen frei verschiedene ungewöhnliche Bewegungen im Raum ausgetestet werden. Die Spieler/innen sollen eine Bewegung finden, einen »Toc« setzen, in der Bewegung ca. drei Sekunden verharren und dann in eine neue Bewegung gehen. Es sollen auch ungewohnte Bewegungsabläufe ausprobiert werden. Anschließend legt sich jede Spielerin und jeder Spieler auf drei Bewegungsmuster fest und versucht, diese möglichst harmonisch miteinander zu verbinden.

5. Formationen

Einfache Formationen in der Gruppe
Alle Spieler/innen gehen im mittleren Tempo zur Musik durch den Raum und bilden auf Zuruf eine Formation (z.B. »Gehen im Raum. Freeze. Dreieck. Gehen im Raum. Freeze. Diagonale. Gehen im Raum. Freeze. Kreis …«). Wenn die Gruppe alle Formationen problemlos und schnell bilden kann, wird das Gehen und das Einfrieren dazwischen weggelassen. Die Formationen gehen direkt ineinander über.

S. 57

Formation mit Vortänzer
Die Gruppe geht in eine Ausgangsformation (z.B. Rechteck). Eine Spielerin oder ein Spieler wird bestimmt, der seine eigenen drei Bewegungsmuster der Gruppe vorgeben soll. Er muss immer so im Raum stehen, dass die ganze Gruppe ihn sehen kann. Es werden drei verschiedene

Formationen festgelegt (z. B. Dreieck, Diagonale, Reihe). In der jeweils ersten Formation wird der erste Bewegungsbaustein von der gesamten Gruppe ausgeführt, bis der »Vortänzer« zur zweiten Formation aufruft und seinen zweiten Bewegungsbaustein vorführt, die Gruppe ihn nachtanzt und so weiter.

Wenn alle drei Bewegungsbausteine von der Gruppe in drei verschiedenen Formationen getanzt worden sind, wird ein anderer Vortänzer bestimmt.

Formationsänderung
Die Gruppe erkennt bei dieser Übung sehr schnell, dass sich einige Formationen harmonischer miteinander verbinden lassen als andere. Dabei gilt das Prinzip: Möglichst kurze Wege für den Einzelnen, um an seinen neuen Formationsplatz zu gelangen. Die Gruppe soll Formationsänderungen ausprobieren und möglichst harmonische Übergänge finden. Es bietet sich an, einen oder zwei Spieler/innen aus der Gruppe zuschauen zu lassen, um die Wirkung der Formationswechsel zu beschreiben und Bewegungsabläufe zu optimieren.

Abschlussaufgabe: Gruppenchoreografie
In Gruppen mit mindestens fünf Spieler/innen sollen unter Einbeziehung der bisher erarbeiteten Elemente eigene kleine Choreografien gefunden und vorgetanzt werden. Dabei dürfen eigene Bewegungsbausteine, aber auch Teile aus dem vorgegebenen Warm-up verwendet werden. Je nach gewünschtem Schwierigkeitsgrad kann die Anzahl der Formationswechsel variiert werden.

6. Tänzerische Interpretation von Gefühlen

Standbilder
Alle Spieler/innen sitzen im Kreis. Gemeinsam werden Wörter gesammelt, die Gefühlszustände ausdrücken. Die Spielleiterin bzw. der Spielleiter schreibt mit einem dicken farbigen Stift jeweils ein Wort auf eine A4-Karte (z. B. »Angst«, »Hass«, »Einsamkeit«, »Wut«, »Enttäuschung«, »Freude« und Ähnliches). Im Folgenden erarbeitet jede Gruppe eine Standbild zu einem der Begriffe. Das Standbild soll das jeweilige Gefühl zum Ausdruck bringen.

Die Präsentationen werden mit Musik unterlegt. Die jeweils anderen Gruppen, sollen raten, welches Gefühl dargestellt werden soll und im Feedback-Verfahren auswerten, ob der Entwurf gelungen ist.

Es ist manchmal ratsam, die Begriffe mit den Schüler/innen durch Beispiele zu klären. Ich habe oft erlebt, dass Schüler/innen mit einzelnen Begriffen nichts anzufangen wussten und erst durch eine beispielhafte Situation verstanden haben, was gemeint war. So kannten z. B. einige Schüler/innen den Begriff »Enttäuschung« nicht, obwohl sich herausstellte, dass sie das Gefühl bereits sehr oft erlebt hatten. Nur die Bezeichnung war ihnen nicht geläufig.

Tänzerische Choreografie

Die Gruppen sollen Bewegungsbausteine erarbeiten, die zu ihrem Begriff passen. Die Bewegungen können von der Gruppe synchron, aber auch individuell ausgeführt werden. Eine Abstimmung der Bewegungen kann durch ein Bewegungszeichen oder durch Zuruf erfolgen. Schlussbild der kleinen Choreografie soll das zuvor erarbeitete Standbild sein.

- Es ist ratsam, die Anzahl der Bewegungselemente zunächst auf drei zu begrenzen. Wie in der »Matrix-Choreografie« (S. 103f.) sollen einzelne Bewegungselemente, z. B. »Wut-Bewegungselemente«, möglichst harmonisch miteinander verbunden und in verschiedenen Gruppenformationen, die aber nun auch asymmetrisch sein dürfen (z. B. »Pulk«), ausgeführt werden.
- Wenn Schüler/innen sich in ihrem Entwurf von den vorgegebenen Kriterien entfernen und erzählerische Elemente einarbeiten, sollte dies beim Feedback zwar erwähnt, aber nicht unbedingt bemängelt werden. Entscheidend ist die Frage: Hat die Gruppe durch Bewegung ein Gefühl zum Ausdruck bringen können? Sind allerdings pantomimische Anteile zu dominant vertreten, sodass das realistische Spiel die Abstraktion vollkommen verdrängt, ist es sinnvoll, den Unterschied mit den Schüler/innen zu thematisieren und die Gruppen einen zweiten Entwurf ausarbeiten zu lassen.

Erzählende Choreografie

Jede Gruppe denkt sich eine kurze Geschichte aus. Diese wird in Stichworten schriftlich festgehalten (pro Stichwort ein DIN-A4-Bogen). Zu jedem Stichwort verabredet die Gruppe einen bestimmten Bewegungsablauf. Hierbei sollen bewusst keine formalen, sondern bildhafte Bewegungen gefunden werden (z. B. Zähne putzen, joggen, frühstücken, Bus fahren – alle »sitzen« auf unsichtbaren Plätzen und ruckeln – und Ähnliches).

Eine Spielerin oder ein Spieler nimmt die Stichwortkarten an sich und positioniert sich vorne seitlich auf der Bühne. Die Gruppe steht in einer Formation seitlich hinter ihm auf der Bühne. Nun erzählt der einzelne Spieler die Geschichte, während die anderen auf die jeweiligen Stichwörter mit Bewegungselementen reagieren (Auswertung im Feedback-Verfahren).

7. Weitere Übungen

Eine Kampfszene tänzerisch darstellen: »Backe – Bauch – Kopf«
Zwei Gruppen von Spieler/innen stehen sich im Raum gegenüber. Beide Gruppen gehen zur Musik langsam aufeinander zu. Alle im Folgenden beschriebenen Bewegungen werden in Zeitlupe und von der jeweiligen Gruppe synchron ausgeführt.

»Walkürenritt« von Richard Wagner

- *Backe:* Wenn sie direkt voreinander stehen, erheben alle Spieler/innen der einen Gruppe in Zeitlupe ihren rechten Arm zum weit ausgeholten Schlag.
- Während sie den Schlag ausführen – natürlich ohne die anderen Spieler/innen wirklich zu berühren –, weichen diese in der Schlagrichtung aus, so als seien sie hart getroffen worden und würden fast zu Boden gehen.
- Die »getroffenen« Spieler/innen können sich dabei auch mit schmerzverzerrtem Gesicht die »Backe« (Wange) halten.
- Wenn sich die »getroffenen« Spieler/innen langsam wieder aufgerichtet haben, holen sie zum Gegenschlag aus und die andere Gruppe sinkt »getroffen« zur Seite.
- *Bauch:* Die erste Gruppe führt einen Schlag direkt nach vorn in den Bauch ihrer gegenüberstehenden Spieler/innen aus.
- Diese reagieren wieder dementsprechend, indem sie ihre Hände in Zeitlupe zum Bauch führen und wie von einer riesigen Kanonenkugel mehrere Schritte nach hinten »geschossen« werden.
- Wechsel der Gruppen wie oben.
- *Kopf:* Die erste Gruppe führt ihren rechten Arm gestreckt nach oben und lässt die Faust auf den Kopf ihres Gegners »niedersausen« (natürlich in Zeitlupe).
- Die getroffenen Spieler/innen sacken zu Boden, als hätten sie einen Schlag auf den Kopf erhalten.
- Wechsel der Gruppen wie oben.

→ Die Spieler/innen dürfen den Bewegungsablauf um eigene »Kampfbewegungen« erweitern und auch den Ausgang des Kampfes selbst choreografieren.

- Der gesamte Bewegungsablauf muss in strenger Zeitlupe durchgeführt werden.
- Je exakter und intensiver die »getroffenen« Spieler auf die »Schläge« reagieren, desto eindrucksvoller die Wirkung.

Von der Klangpartitur zum Tanztheater

Die Spieler/innen erhalten eine von der Spielleiterin bzw. dem Spielleiter angefertigte Klangpartitur des Musikstückes »Hexe Baba Yaga«. Mit dem Zeigefinger versuchen die Schüler/innen, dem Musikstück anhand der Symbole zu folgen. Die Spielleitung macht mit – so können sich die Schüler/innen zunächst besser orientieren, indem sie »abgucken«.

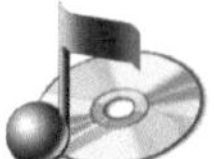

»Hexe Baba Yaga« aus »Bilder einer Ausstellung« von Modest Mussorgski

In Musikbüchern gibt es häufig **Klangpartituren** der einzelnen Stücke aus »Bilder einer Ausstellung«. Es ist aber ratsamer, als Spielleiter/in selbst eine vereinfachte Form zu erarbeiten und diese für die Schüler/innen zu kopieren, da sie nicht zu kompliziert sein darf. Das Prinzip dabei: Alles, was die Schüler/innen hören, muss ihnen in Form eines entsprechenden Zeichens (Schlangenlinie, Kringel, dünner Strich, dicker Strich, Pfeil nach unten oder oben oder Ähnliches) visuell erkennbar sein.

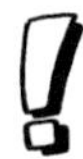

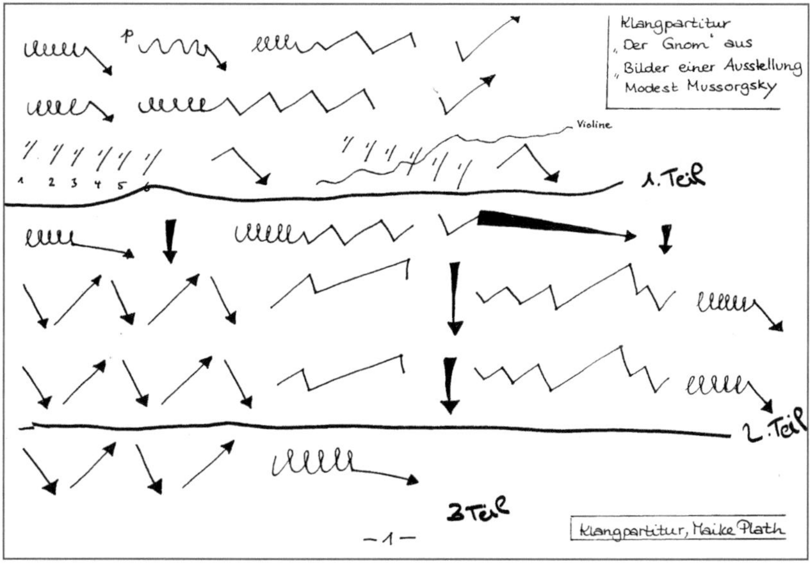

Ausschnitt aus einer Klangpartitur

Wenn es allen Spieler/innen gelingt, die gesamte Partitur mit dem Finger zeitgleich zu den entsprechenden Tönen zu verfolgen, sollen anschließend eigene kleine Bewegungen zu den einzelnen Symbolen gefunden werden. Diese können mit den Händen, den Armen und/oder dem Oberkörper im Sitzen ausgeführt werden (sitzend, damit die Spieler/innen dabei auf ihr Blatt schauen können).

Die Spielleitung sollte unbedingt mitmachen und möglichst einfache, natürliche Bewegungen verwenden. (Wenn der Spielleiter sich hier auf diese Weise »zum Affen macht«, steigt das Selbstvertrauen der Schüler/innen.)

Sobald die Spieler/innen bei diesem Schritt an Sicherheit gewonnen haben und anfangen, Spaß an der Sache zu haben, kann man mit der Arbeit des gesamten Körpers beginnen:

- Alle stehen auf und bilden zwei Gruppen.
- Wieder soll ein Kampf inszeniert werden: Mithilfe der Klangpartitur und den vorangegangenen Arbeitsschritten sollen die Schüler/innen nun Kampfbewegungen aufeinander abstimmen.
- Jedes Symbol in der Partitur wird zu einer abgesprochenen Bewegung:
  - Am Anfang des Stückes eignen sich beispielsweise schnelle getrampelte Schritte (beide Gruppen »trampeln« aufeinander zu).
  - Im Mittelteil können die Jugendlichen sehr passend zur Musik die Elemente aus »Backe –Bauch – Kopf« verwenden.
- Für alle Bewegungen des Kampfes, des Rückzugs, des Fallens, Rollens, Schlagens und so weiter sind der Fantasie der Schüler/innen keine Grenzen gesetzt. (Oft kennen sie viel mehr passende Drohgebärden und Gesten des Kampfes als ihre Lehrer/innen.)

Für die Schüler/innen wird es extrem eindrucksvoll, wenn sie merken, dass ihre Bewegungen exakt dem entsprechen, was sie hören. Diese Wirkung tritt ein, wenn sie ihre Bewegungen möglichst genau auf die Klangpartitur abgestimmt haben und sich Zeit nehmen, an ihrem »Timing« zu arbeiten.

Wunscherfüllung (Marionettenspiel)

Eine Spielerin oder ein Spieler aus der Gruppe – vielleicht jemand, der heute einen schlechten Tag hatte und Trost braucht – darf sich auf der Bühne einen Wunsch erfüllen. Die anderen Spieler/innen sind seine »Marionetten«: Er darf sie auf der Bühne so verteilen, dass sie eine Szene darstellen, die ihn im wirklichen Leben nervt oder traurig macht. Die Marionetten bilden schließlich ein Standbild aus seinem Leben, einen Albtraum oder Ähnliches.

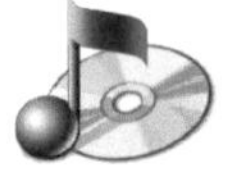

»Cantus in Memory of Benjamin Britten« von Arvo Pärt

Beim Einsetzen der Musik beginnt der Spieler aber, die Marionetten, eine nach der anderen, so in Position zu bringen, dass sie seine Wunscherfüllung darstellen. Er berührt dabei die Puppen nicht, und es darf auch nicht gesprochen werden. Allein durch das Ziehen an unsichtbaren Fäden macht der Spieler deutlich, wo und wie seine Puppen stehen, sitzen oder liegen sollen. Am Ende ist alles so, wie er es sich in seinem Leben wünscht, und er selbst geht in das Bild hinein.

Man sollte im Verlauf der Proben jedem mal die Möglichkeit geben, diese Erfahrung zu machen. Sie hat eine sehr starke positive Wirkung auf die Schüler/innen. Dies liegt mit Sicherheit auch an der Kraft des Musikstücks, daher sollte für diese Übung auch kein anderes verwendet werden.

8. Eine Choreografie aus eigenen Bewegungsbausteinen erarbeiten

»Das alles ist Berlin«
Die Spielleitung breitet vorbereitete Karten auf dem Fußboden aus:

Straßenkünstler, Clowns, Jongleure	Dealer und Süchtige	U-Bahn-Abzocke (jemand wird »abgezogen« und dabei mit dem Handy gefilmt)
Promis, Stars, Paparazzi, Fans (z. B. Berlinale)	Bettler, Straßenmagazin-Verkäufer, Straßenmusiker	Demonstranten und Polizei
Touristen mit Stadtführer/in	Beach-Volleyball-Turnier	Prostituierte und ihre Freier (z. B. Oranienburgerstraße)
Schaufensterpuppen und Einkaufsbummler	»Pub-Crawler«	»Hippe« Lifestyle-Menschen mit Sonnenbrille, Laptop und lässiger Attitüde
Flaschensammler	Rapper und Sprayer	

Je nachdem, wie groß die Schülergruppe ist, werden entsprechend viele Gruppen zu je fünf bis sechs Spieler/innen gebildet. Jede Gruppe sucht sich eine Karte aus. (Die restlichen Karten können in späteren Aufgaben nach demselben Prinzip verwendet werden.)

Jede Gruppe erhält einen vorgeschriebenen Weg oder ein eingegrenztes Areal auf der Bühne für ihre Aktion:

- Die »Pub-Crawler« z. B. bewegen sich zunehmend betrunkener werdend vorwärts, daher erhalten sie einen vorgegebenen Weg auf der Bühne.
- Die Schaufensterpuppen dagegen arrangieren sich in Posen an einem Standort, daher erhalten sie keine Strecke, sondern ein Areal auf der Bühne.

Jede Gruppe verabredet einen genau einstudierten Bewegungsablauf zu ihrer thematischen Karte.

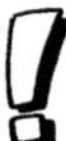

Auch hier können die Schilder mit den ästhetischen Mitteln wieder verwendet werden – nicht zwingend, aber als mögliche Anregung. So können z. B. die Schaufensterpuppen das Prinzip der »Tocs« oder der »Zeitlupe« effektvoll zum Einsatz bringen.

- Ziel ist es, auf der Bühne als das erkannt zu werden, was auf der Karte steht. Die Gruppe ist dann »fertig«, wenn ihr Bewegungsablauf wiederholbar ist und sie ihn in genau derselben Art und Weise ständig wiederholen kann.
- Während die Spieler ihre kleinen Choreografien erarbeiten, lässt die Spielleitung dazu Musik aus »Jurassic Park« laufen (beliebig oft): Die Musik hat einerseits eine motivierende Wirkung auf die Schüler/innen, andererseits hilft sie am Ende beim gemeinsamen Inszenieren aller Gruppen, den Bewegungsablauf zu gliedern. Der sich allmählich steigernde dynamische Effekt des Stückes unterstützt die nacheinander auftretenden Gruppen und die sich dadurch steigernde Aktivität auf der Bühne.

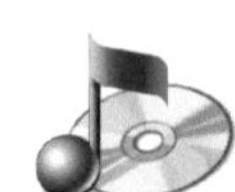

Filmmusik »Jurassic Park« (Titelthema)

- *Präsentation*: Zunächst präsentiert jede Gruppe einzeln ihren Bewegungsablauf auf der Bühne, die anderen Spieler/innen schauen zu und werten aus.
- Anschließend erhält jede Gruppe eine Nummer. Entsprechend ihrer Nummern treten die Gruppen hintereinander auf, präsentieren ihren Bewegungsablauf und »frieren ein«. Dann tritt die nächste Gruppe auf, friert anschließend ein und so weiter, bis alle Gruppen in Standbildern auf der Bühne ein Gesamtbild darstellen.
- Dieser gesamte Bewegungsablauf wird beliebig oft wiederholt. Am Ende können alle Gruppen gleichzeitig agieren.

Die Spieler/innen lernen, dass das Geschehen auf der Bühne genau strukturiert werden muss, damit der Zuschauer seinen Blick fokussieren kann und nicht mit einem ungeordneten Chaos überfordert wird.

- Die Bewegungsabläufe der Gruppen können dem dynamischen Aufbau der Musik angepasst werden. Oft haben die Schüler ein gutes Gefühl dafür und machen eigene Vorschläge.
- Diese Übung hat durch die Musik eine sehr motivierende Wirkung auf die Schüler/innen. Bei Aufführungen eignet sie sich für »Massenszenen«, in denen beispielsweise eine Marktszene oder eine Stadtatmosphäre dargestellt werden soll (z. B. »Berlin Alexanderplatz«). Auch für Collagen zum Thema Großstadt oder Ähnliches ist diese Übung ein wirkungsvoller Baustein.

Modul 4: Autobiografisches Material gewinnen und ästhetisieren

Wie bringen Schüler/innen ihre eigenen Themen und Inhalte auf die Bühne, ohne sich dabei nach Talkshow-Manier selbst auszustellen? Wie wird autobiografisches Material freigelegt, ohne zur Psychotherapie zu geraten? Wie wird die Betroffenheit der Darsteller/innen in einem künstlerisch-kreativen Prozess umgewandelt, um dann diese Betroffenheit beim Zuschauer auszulösen?

Dies sind die häufigsten Fragen, die im Zusammenhang mit biografischem Theater geäußert werden. Ein wesentlicher Schritt wurde bereits durch das Aufzeigen und die Vermittlung verschiedener Formen der Ästhetisierung getan (Modul 2, S. 83ff.). Im folgenden Kapitel geht es nun um die Generierung biografischen Materials und Möglichkeiten der ästhetisierten Umsetzung.

1. Begründung der »biografischen« Vorgehensweise in der Sekundarstufe

Fast alle beschriebenen Aufgaben sind für die Jugendlichen nur dann motivierend, wenn es um ihre eigenen, biografischen Geschichten bzw. um aktuelle eigene Gefühle und Gedanken geht. Dies entspricht auch ihrer derzeitigen entwicklungspsychologischen Situation: Ihr Interesse ist im Wesentlichen auf sich selbst gerichtet, auf ihre Reibung mit der Welt und die oft konflikt- und schmerzhafte Auseinandersetzung mit Bezugspersonen.

Hierin liegt aber eine große Chance für theatrale Prozesse, da die Jugendlichen ein hohes Maß an Energie und Sensibilisierung für bestimmte Themen mitbringen. Daher sollte man sich als Spielleiter/in nicht darüber ärgern, dass sie zunächst fremden literarischen oder dramatischen Texten ablehnend gegenüberstehen. Die intensive Auseinandersetzung mit den eigenen Themen versetzt sie erst in die Lage, sich selbst in größeren Zusammenhängen zu begreifen und eine Situation aus der »Vogelperspektive« zu betrachten. Sie erlangen ein höheres Reflexionsniveau, das bei einer späteren Annäherung an einen fremden Text überhaupt erst die Voraussetzung für ein tieferes Verständnis von Inhalten bildet.

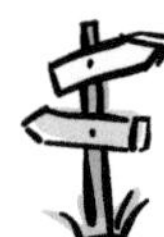

2. Vorgehensweise

2.1 Warm-ups

Mit dem Körper eine Geschichte erzählen
Alle stehen im Kreis. Einer erzählt eine selbst erlebte Geschichte, die anderen agieren dazu, spielen die Geschichte oder Teile daraus.

S. 64

Atomspiel mit persönlichen Daten
Alle gehen durch den Raum. Auf Zuruf bilden sich Zweier-, Dreier-, Vierer- oder Fünfer-Gruppen, die sich gegenseitig ihren Namen und ihr Lieblingsessen (oder eine andere vorgegebene private Einzelheit) erzählen.

Platzwechsel im Stuhlkreis
Alle sitzen auf Stühlen im Kreis. Ein Stuhl wird weggestellt. Eine Spielerin oder ein Spieler steht in der Mitte und ruft z.B.: »Alle, die heute schon Zeitung gelesen haben, wechseln den Platz« (oder Ähnliches). Man darf sich aber nicht auf den Platz direkt neben sich setzen.

Name und Farbe/Name und Tier
siehe S. 63

2.2 Spielaufgaben

Sehnsuchtsmaschine
Eine Spielerin oder ein Spieler entwickelt spontan eine Bewegung (mit oder ohne Geräusch) zum Thema »Sehnsucht« und demonstriert sie den anderen in einer Wiederholungsschleife. Nacheinander docken sich alle Zuschauer/innen mit anderen »Sehnsuchtsgesten« an den Vorgänger an. So entsteht eine »Sehnsuchtsmaschine«, die sich in anschließender Improvisation durch den Raum bewegt. Gemeinsame Impulse aus der Gruppe und spontane Spielanregungen der Spielleitung lassen eindrucksvolle kleine Szenen entstehen.

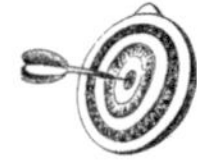

Satzgewitter
Alle Spieler/innen gruppieren sich im Halbkreis um eine fiktive Zielscheibe. Jetzt ist jeder aufgefordert, sich an einen »gehassten Satz« zu erinnern. Die Sätze werden zuerst nacheinander und dann gemeinsam auf die Zielscheibe »abgefeuert«.

S. 90f.

Improvisationen zu verschiedenen Tempi, Rhythmen, Stimmungen, Lautstärken und Körperhaltungen schließen sich an. Freiwillige stellen sich als »Zielscheibe« zur Verfügung und suchen im Spiel nach Möglichkeiten, das »Satzgewitter« zu beenden.

Wunscherfüllungen

Jede Spielerin und jeder Spieler darf sich eine fiktive Situation wünschen, die ihm von den anderen im Rollenspiel erschaffen wird. Er sitzt auf dem »Regiestuhl« und erzählt seine Wunschsituation. Anschließend erhält die Gruppe zunächst 20 Minuten Zeit für einen ersten Entwurf. Der Spieler, dessen Wunsch gespielt wird, ist in seiner eigenen Szene die Hauptperson und Regisseur. Nach einem Feedback durch die Spielleitung wird ein zweiter, überarbeiteter Entwurf entwickelt. (Hier finden erneut Versuche im Umgang mit den ästhetischen Mitteln statt: Welches Mittel wähle ich, um welche Wirkung zu erzielen?)

Die Spielleitung protokolliert, um das Ergebnis für spätere Szenen verwenden zu können.

2.3 Erschließung biografischen Materials

Geschichten aus Bildern

Alle sitzen im Kreis auf dem Boden. In der Mitte des Kreises sind eine Vielzahl verschiedenster Bilder ausgebreitet (Fotos und Werbung aus Zeitschriften zu möglichst unterschiedlichen Stimmungen und Themen). Jede Spielerin und jeder Spieler sucht sich ein Bild aus, hebt es auf und setzt sich damit wieder an seinen Platz. Jeder erzählt nun der Reihenfolge nach, warum er sich dieses Bild ausgesucht hat und was es mit ihm zu tun hat.

Schreiben im Auftrag

Jede Spielerin und jeder Spieler teilt ein Blatt Papier in neun Felder auf. Er trägt auf seinem Blatt in jedes Feld ein Wort ein, das in seinem bisherigen Leben irgendwie von Bedeutung ist oder war (das können Wörter wie »Vater« oder »Mutter«, aber auch Wörter wie »Haustür«, »Apfelbaum« oder » Geburtstag« sein). Wenn alle fertig sind, wird das Blatt jeweils nach rechts weitergegeben, sodass nun jeder das Blatt seines Nachbarn vor sich hat.

Jeder sucht sich nun auf diesem fremden Wortblatt das Wort aus, das ihn am meisten interessiert oder neugierig macht und trägt in dieses Feld seinen Namen ein. Dann werden die Zettel wieder nach rechts gegeben. Wieder erhält jeder einen Zettel mit neuen Wörtern, von denen er für sich das interessanteste aussucht und in das entsprechende Feld seinen Namen einträgt.

So machen alle Blätter die gesamte Runde, bis wieder jeder sein eigenes Blatt vom Anfang vor sich hat. Jeder schreibt nun zu dem auf seinem Zettel am häufigsten gewünschten Wort eine Geschichte.

→ *Variation:* Diese Geschichte kann auch in Stichworten verfasst werden. Anschließend darf sich jeder einen Stapel Karten nehmen und die wichtigsten Wörter seiner Geschichte in der richtigen Reihenfolge auf die Karten schreiben (ein Wort pro Karte).

Diese Verfahrensweise hat den Vorteil, dass die Geschichten bereits auf Begriffe und jeweilige Spielkarten reduziert sind. Solche Spielkarten lassen sich leichter mithilfe der ästhetischen Mittel szenisch umsetzen.

Autobiografie in fünf Sätzen

Jeder beschreibt sein bisheriges Leben in fünf Sätzen. Diese werden auf einem Blatt Papier sauber aufgeschrieben. Diese fünf Aussagen müssen ganz besonders charakteristisch für den Verfasser sein. Die Sätze können eine Art Mini-Bericht, ein Songtext, ein Gedicht oder eine Erzählung sein. Die Länge und Art der Sätze bleibt jeder Spielerin und jedem Spieler selbst überlassen. Es dürfen aber auf keinen Fall mehr als fünf Sätze sein.

Kindheitsmuster

Jede Spielerin und jeder Spieler erinnert sich einige Minuten lang an die Zeit, als er ein kleines Kind war, bis eine wichtige Situation deutlich vor Augen tritt. Auf einer Karte werden alle Gefühle gesammelt, die in dieser Situation wichtig waren.

Jeder entscheidet aufgrund seiner »Gefühlssammlung«, welches der Gefühle das intensivste war. Dieses zentrale Gefühl wird in die Mitte eines neuen Blattes geschrieben und eingekreist. Es bildet den Kernpunkt eines Clusters. Nun schreibt jeder um seinen Begriff herum alle Wörter, die ihm spontan dazu einfallen. So entsteht sein ganz persönliches Wort-Cluster.

In einem letzten Schritt verfasst jeder auf der Grundlage dieses Clusters eine eigene Geschichte zum Thema »Kindheit«.

Auch diese Geschichte kann wieder in Stichworten auf Spielkarten fixiert werden, damit sie später leichter als Spielanlass genutzt werden kann. Besonders bei schwächeren Schüler/innen, die Probleme mit der Rechtschreibung haben, ist diese Methode motivierender.

Partner-Interview

Vorlauf
A erhält einen Bogen mit 18 Begriffen (z. B. Kindheit, Freundschaft, Vater, Mutter, Schule, Protest, Verrat, Angst, Narben, Berlin …). A nennt eines der Wörter. B muss dazu genau eine Minute lang spontan etwas Persönliches erzählen (Zeit wird gestoppt). A darf B nicht unterbrechen. Nach Ablauf der einen Minute nennt A ein weiteres Wort von der Liste und B erzählt erneut eine Minute lang etwas Persönliches dazu. So verfahren A und B mit insgesamt fünf Begriffen. Danach wird gewechselt und A erzählt, während B zuhört und schweigend die Zeit stoppt.

Konkretisierung
- Es finden sich neue Paare. Papier und Stift werden ausgeteilt. A darf sich einen Begriff von der Liste selbst aussuchen und eine Minute lang Persönliches (Biografisches) dazu erzählen, während B in Stichworten mitschreibt. Anschließend fasst B das Gehörte anhand seiner Notizen noch einmal zusammen und A darf korrigieren, falls nötig. Die Notizen werden von B ergänzt bzw. korrigiert. Anschließend Wechsel.
- A und B tauschen jeweils ihre Notizen aus. Nun hat jeder seine eigene biografische Geschichte und kann selbst Ergänzungen oder Veränderungen vornehmen.
- Abermals werden die Texte getauscht. Nun hat jeder wieder die Geschichte des anderen. A schreibt nun B's Geschichte in ganzen Sätzen und in der Ich-Form auf. B schreibt umgekehrt A's Geschichte aus der Ich-Perspektive in ganzen Sätzen auf. Es entsteht ein Text, der das persönliche Erlebnis des anderen zu »Material« für die Bühne verarbeitet hat – auch und gerade durch die Interpretation des schreibenden Partners, dadurch entsteht trotz gleicher Fakten eine andere Färbung bzw. eine andere Perspektive.
- Jeder erhält seine eigene Geschichte zurück, die vom Partner zu einem Text verarbeitet worden ist, und bewahrt diese für die spätere Umsetzung auf.

Alternative
Wenn das Schreiben der Geschichte sich für die Schüler/innen als zu schwer erweist, gibt es folgende Alternative:

Assoziationskarten

Statt einer ganzen Geschichte aus der »Ich-Perspektive« erstellen Partner A und B jeweils Assoziationskarten des anderen: A nimmt ein neues, leeres DIN-A4-Blatt und schreibt in die Mitte einen der Begriffe, zu denen sich sein Partner B geäußert hat, z. B. »Angst«. Nun wählt er aus seinen Interview-Notizen die Worte aus, die ihm am wichtigsten erscheinen, und schreibt sie rund um das Wort »Angst«. So entsteht eine Art »Mindmap« zum Begriff »Angst«, die alle Wörter beinhaltet, die der Partner B mit »Angst« assoziiert hat. Auf ein zweites neues Blatt schreibt A den nächsten Begriff und verfährt in der gleichen Weise.

Alle so entstandenen Assoziationskarten können am Ende gesammelt und als Ausstellung auf dem Boden in Bahnen angeordnet werden. Alle Karten zu »Angst« werden nebeneinandergelegt, alle Karten zu »Berlin« ebenso, und so weiter. So kann jeder sehen, was die Begriffe bei den verschiedenen Spieler/innen ausgelöst haben, ohne zu wissen, von wem welche Assoziationen stammen.

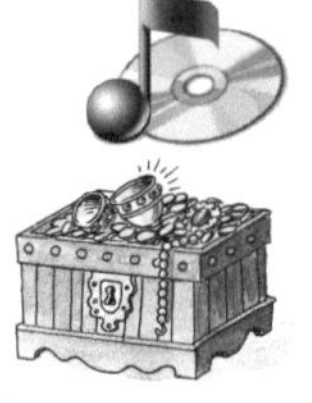

Während die Spieler/innen die Karten auf dem Boden betrachten, wird ruhige Musik gespielt und es soll nicht gesprochen werden. Die Assoziationskarten werden in einer schönen Kiste (ich nenne sie immer »Schatzkiste«) aufbewahrt und zu einem späteren Zeitpunkt als Quellmaterial für Spielaufgaben verwendet.

> Meistens sind die Schüler/innen sehr beeindruckt von dieser Ausstellung. Es kann passieren, dass der eine oder die andere plötzlich anfängt zu weinen – das ist mir bei der Ausstellung der Assoziationskarten mehrfach passiert. Als Spielleitung sollte man verständnisvoll und mit Zuwendung darauf reagieren und die betreffende Schülerin bzw. den betreffenden Schüler z. B. in den Arm nehmen. Man sollte allerdings nicht versuchen zu trösten – denn oft gibt es da keinen Trost und man macht sich nur lächerlich. Auch sollte man auf keinen Fall mit einem pseudotherapeutischen Gespräch beginnen. Wir sind keine Therapeuten und können hier eher Schaden anrichten als helfen. Wir können uns aber bei dem jeweiligen Jugendlichen für sein Vertrauen in die Gruppe bedanken und dabei deutlich zeigen, dass uns seine Gefühle etwas bedeuten, dass sie wertvoll sind. Damit können wir niemandem den Schmerz nehmen, aber die Wertschätzung allein tut dem Jugendlichen bereits gut und hat einen aufbauenden Effekt. Auf keinen Fall sollten solche Gefühlsausbrüche dramatisiert und in der Gruppe besprochen werden!

2.4 Weitere geleitete Schreibaufgaben zur Generierung biografischen Materials

Körperlandkarte

Die Schüler/innen legen sich auf große Papierfolien (z. B. Packpapier oder Tapete) und zeichnen ihre Körperumrisse nach. Dazu legt sich eine Person auf die Folie, die andere schabloniert mit einem dicken Stift um sie herum. Danach legen sich alle in ihre »Körperhüllen«. Die Spielleitung fordert die Schüler/innen auf, eine kleine Reise in die Vergangenheit zu machen. Sie sollen sich ihr bisheriges Leben wie einen Film vorstellen, in Bildern. Dazu wird ruhige Musik gespielt.

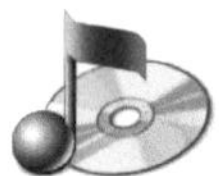

Anschließend entscheiden sich die Schüler/innen für die drei (oder fünf) wichtigsten Ereignisse in ihrem Leben und wählen einen Körperteil, in dem diese Erfahrung abgespeichert ist. Sie wählen einen passenden Titel für jede Erinnerung und tragen sie dann in dem entsprechenden Körperteil auf ihrer »Körperlandkarte« ein.

Die »Körperlandkarten« werden gut verwahrt und später als Spielimpulse verwendet.

Narbengeschichten

In den Körperhüllen liegend machen sich die Spieler/innen jedes einzelne Körperteil bewusst (dazu ruhige Musik und eventuell ruhige Anleitung durch die Spielleiterin bzw. den Spielleiter). Die Spieler/innen erinnern sich an ihre Narben. Dabei bleibt bewusst offen, ob es sich um körperliche oder seelische Narben handelt. Dann werden die Narben in die Körperfolien eingezeichnet. Jeder wählt eine Narbe aus und schreibt dazu seine Geschichte auf.

Alle entstandenen Texte und Textteile müssen durch Abschreiben oder/und Abtippen anonymisiert werden: Bisher gesammeltes biografisches Material wird in eine anonyme Form gebracht, d.h. handschriftlich verfasste Texte werden von den Spieler/innen zu Hause oder in der Schule im Computerraum abgetippt oder vom Spielleiter neu abgeschrieben, sodass niemand den Verfasser an der Schrift erkennen kann. Alles wird in der »Schatzkiste« aufbewahrt.

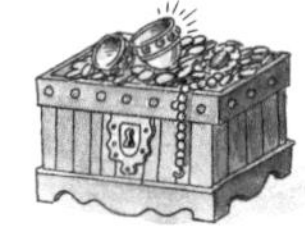

Die Assoziationskarten und Texte werden frühestens drei bis vier Wochen nach ihrer Entstehung wieder auf dem Boden verteilt und zu laufender Musik betrachtet. Entweder eine Gruppe oder ein einzelner Spieler sucht sich jeweils das Material heraus, das er auf der Bühne für eine Szene benutzen will.

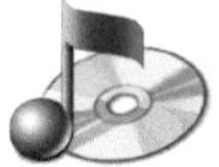

2.5 Ästhetisierung von biografischem Material

Durch die Schreibaufgaben ist größtmögliche Subjektivität entstanden, die Jugendlichen haben etwas von sich preisgegeben. Dies darf unter keinen Umständen 1:1 auf der Bühne ausgestellt werden. Abgesehen davon, dass es unsere Aufgabe ist, die Jugendlichen zu schützen, die sich uns anvertraut haben, ist es natürlich auch unter künstlerisch-ästhetischen Gesichtspunkten eine Katastrophe, solche »wahren« Texte ungefiltert, ungebrochen auf der Bühne preiszugeben.

Genre-Wechsel

Jede Spielerin und jeder Spieler verwandelt den von ihm ausgesuchten Text in eines der folgenden Genres. Die Genres müssen vorher im Stuhlkreis mit den Schüler/innen gemeinsam anhand von Beispielen geklärt werden. Dies erweist sich meist als einfach, da die Jugendlichen durch Filme bereits eine Vorstellung von verschiedenen Genres haben:

- Science-Fiction (z.B. »Matrix«, »Waterworld«)
- Horror (z.B. »Das Geisterschloss«, »Scream«, »Halloween«)
- Krimi
- Komödie

Rollenwechsel

Diese Übung erfordert die Fähigkeit der Spielleiterin bzw. des Spielleiters, in den Tiefstatus zu gehen und etwas Persönliches von sich preiszugeben. Die Spielleitung geht auf die Bühne und präsentiert folgenden Auftritt: Spielleitung geht mittig auf die Bühnenrampe zu, bleibt vorne stehen und spricht folgenden Text.

> »*Ich bin N.N.* (hier den eigenen Namen einsetzen). *Für meine Rolle habe ich mir den Namen ›Lisa‹ ausgedacht. Lisa ist eine Frau von 37 Jahren* (das Alter der Figur muss dem Alter der Spielleitung entsprechen). *Lisa mag nicht gerne unter Leute gehen. Am liebsten sitzt sie zu Hause, hört Musik und schreibt in ihr Tagebuch. Wenn das Telefon klingelt, zuckt sie zusammen und möchte am liebsten gar nicht rangehen. Manchmal ist Lisa ein bisschen traurig.*« (Die Spielleitung dreht sich um, bleibt einen Moment mit dem Rücken zum Publikum stehen, wendet sich dann wieder in den Zuschauerraum und spricht:) »*Ich bin Lisa.*« (ab)

Anschließend tritt die Spielleitung wieder als sie selbst vor die Spieler/innen und erklärt folgende Aufgabe:

> »*Jeder von euch schafft sich eine eigene Figur. Zunächst müsst ihr nur den Namen der Figur kennen und ungefähr wissen, wie diese Person so ist. Stellt sie euch vor. Was wisst ihr bereits über die Figur? Geht zur Musik durch den Raum und denkt über eure Figur nach. Wenn ihr merkt, dass ihr sie auf der Bühne so vorstellen könnt, wie ich es gerade vorgemacht habe, dann nehmt ihr euch einen Stuhl und setzt euch vor die Bühne. So entsteht dann nach und nach eine Zuschauerreihe vor der Bühne. Wenn der Letzte sich in die Reihe gesetzt hat, geht es los.*«

Hier sollen bewusst keine genaueren Angaben zur Erstellung des Rollenprofils gemacht werden. Besonders Hauptschüler tendieren ohnehin dazu, sich über Spitznamen und dergleichen eine andere Identität zu schaffen. Durch die Aufgabenstellung bleibt für sie genug Raum, sich eine Figur zu erschaffen, die große Anteile ihrer eigenen Persönlichkeit enthält. Auch ungelebte Seiten der Persönlichkeit kommen in den Figuren plötzlich deutlich zum Vorschein.

Wenn Jugendliche allerdings berühmte Persönlichkeiten auswählen, in deren Rolle sie schlüpfen wollen, muss klar sein, dass sie zwar den Namen für ihre Figur verwenden können, nicht aber die berühmte Persönlichkeit nachspielen können. Dies muss von der Spielleitung sofort diplomatisch geschickt unterbunden werden.

Dass in die neu erschaffenen Figuren ein großer Teil der eigenen – oftmals verborgenen – Persönlichkeit fließt, darf unter keinen Umständen thematisiert werden. Obwohl eigentlich jeder im Raum weiß, dass es so ist, funktioniert das unausgesprochene »Agreement« immer: *Das bin ich nicht. Das ist meine Rolle.*

Im Schutz dieser Rolle werden den Jugendlichen nun zahlreiche Spielmöglichkeiten eröffnet, denen sie sich ohne das Schlüpfen in die Figur verschließen würden.

> Sobald eine Spielerin oder ein Spieler auf der Bühne in seine Rolle geht, überschreitet er eine sogenannte magische Linie. Diese kann von der Spielleitung mithilfe von farbigem Klebeband am Bühnenrand gekennzeichnet werden. Wenn er in seine Rolle gegangen ist, hört er auch nur noch auf seinen Rollen-Namen. Wenn der Spieler über seine Figur spricht, sagt er nicht »ich«, sondern spricht von ihr in der 3. Person.

2.6 Verbindung biografischen Materials mit der Figur

Der Inhalt der Schatzkiste wird auf dem Boden als Ausstellung ausgebreitet. Die Assoziationskarten und die Texte dürfen für den folgenden Schritt verwendet werden, müssen aber nicht. Wenn die Spielerin oder der Spieler eine eigene Idee hat, darf er auch diese verwenden.

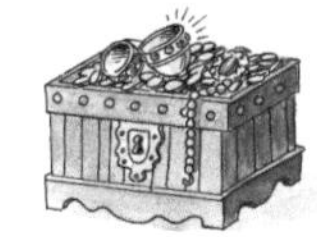

Die Schatzkiste hat an dieser Stelle folgenden Sinn: Durch das Präsentieren der biografischen Texte und durch den Hinweis, dass diese jetzt verwendet werden dürfen, begreifen die Jugendlichen, dass ihre künstlich geschaffene Figur Teile von ihnen selbst enthalten darf. Dieses wird aber nicht direkt gesagt. Dadurch bleibt der Schutz der Rolle unangetastet. – Die Spielleitung gibt folgende Anweisung:

> *»Wählt eine wichtige Geschichte aus dem Leben eurer Figur aus. Macht euch so lange Stichworte oder denkt einfach über diese Geschichte nach, bis eure Figur sie auf der Bühne frei erzählen kann.«*

Die Spielleitung muss hier wirklich mutig sein, in den Tiefstatus gehen und das Ganze vormachen, d.h. sie muss wie oben beschrieben als »Lisa« auftreten und eine eigene persönliche Geschichte erzählen, die unausgesprochen deutlich macht, dass es sich um eine autobiografische Geschichte handelt.

Schon hier werden Sie merken, dass die Rolle für die Jugendlichen ein »Heiligtum« ist. Ihre persönliche Geschichte wird nicht auf Sie selbst zurückgeführt, sondern auf »Lisa«. Durch den eigenen Auftritt kann die Spielleitung eine gewisse Steuerung vornehmen, denn ihr Auftritt gibt Rahmen, Länge und Struktur des Auftritts vor. Gleichzeitig sind die Schüler/innen von diesem Auftritt berührt, weil sie intuitiv spüren, dass die Lehrerin bzw. der Lehrer hier etwas Persönliches preisgegeben hat.

Wieder wird so lange gewartet, bis sich alle in einer Reihe vor die Bühne gesetzt haben. Dann präsentiert einer nach dem anderen eine persönliche Geschichte auf der Bühne aus seiner Rolle heraus. Jede Präsentation beginnt mit den Worten:

»Ich bin Lisa.« (entsprechenden Namen der Rolle einsetzen)

Die Spielleitung schreibt mit einem dicken Edding-Stift gut leserlich auf DIN-A4-Blättern mit. So entsteht zu jeder Figur eine Stichwortkarte (bzw. mehrere, falls nötig).

2.7 Erster Schritt zur szenischen Umsetzung

- Die Spielleitung fragt, wer Lust hat, als Erstes seine Geschichte zu einer Szene zu machen. Diese Spielerin oder dieser Spieler geht auf die Bühne. Er sagt: »Ich bin …« *(Name der Figur)*
- Die Spielleitung fragt die Gruppe: »Welche *Bilder* sind bei dieser Geschichte in eurem Kopf entstanden?« (Spielleitung schreibt – mit *blauer* Farbe – ein Bild pro Blatt, z.B. »Strand«, »Er sitzt alleine im Zug« und Ähnliches)
- Spielleitung fragt die Gruppe: »Welche *Gefühle* hatte die Figur in dieser Geschichte?« (Spielleitung schreibt – mit *blauer* Farbe – ein Wort pro Blatt, z.B. »Enttäuschung«, »Angst« …)
- Diese blauen Schilder werden vorne in einer Reihe an die Bühnenrampe gelegt.
- Die Spielerin bzw. der Spieler auf der Bühne darf sich Mitspieler aussuchen.
- Die Spielleitung gibt folgende Aufgabe: »Stellt eines der Gefühle oder ein Bild aus der Geschichte in einem Standbild dar.«
- Die zuschauenden Schüler/innen und die Spieler/innen auf der Bühne sollen zusammenarbeiten: Die Zuschauer geben immer di-

rektes Feedback zur Wirkung des Bildes und machen eventuell Veränderungsvorschläge. Der Spieler, um dessen Geschichte es geht, ist aber uneingeschränkter »Chef« und Regisseur und darf letztendlich die Entscheidungen treffen.

- Die Gruppe erarbeitet mehrere Standbilder zu den Gefühlen und zentralen Situationen der Geschichte.

Hiermit ist eine erste Grundlage für die weiteren Inszenierungsmöglichkeiten geschaffen.

2.8 *Szenische Umsetzung von biografischem Material (ästhetische Umwandlung)*

S. 87

Die Schilder mit den ästhetischen Mitteln werden wieder auf dem Boden ausgebreitet. Diese »Station« kommt erneut zum Einsatz und wird nun bei jeder Probe aufgebaut. Das Spiel »Puppen tanzen lassen« und die dadurch gewachsene Kenntnis der ästhetischen Mittel des Theaters finden nun ihre Anwendung.

Der entscheidende Schritt!

In diesem wichtigsten Schritt des biografischen Theaters muss eine *Distanzierung von den biografischen Inhalten durch das Finden einer ästhetischen Form* erreicht werden. Voraussetzung dafür ist die gefestigte Kenntnis aller bisher eingeführten ästhetischen Mittel. Die Spieler/innen müssen so oft »Puppen tanzen lassen« gespielt haben, dass sie nicht nur die Namen der ästhetischen Mittel kennen, sondern vor allem kreativ damit umgehen können. Sie müssen eine bildliche Vorstellung der Möglichkeiten dieser Mittel im Kopf haben.

Aus der Verbindung der Karten mit den ästhetischen Mitteln und den biografischen Texten und Assoziationskarten erwächst nun eine Fülle an Möglichkeiten für die Umsetzung: Die Spielleitung kann einen biografischen Text und drei ästhetische Mittel vorgeben und die Spieler/innen in einer Gruppe einen Szenenentwurf dazu erarbeiten lassen – das wäre die einfachste Variante. Je nachdem, wie sehr sich die Jugendlichen aber nun selbst einbringen wollen, gibt es natürlich komplexere Varianten. Im Folgenden soll eine Möglichkeit beispielhaft beschrieben werden, um das Prinzip der Vorgehensweise zu erläutern. Wenn das Prinzip verstanden ist, lassen sich unzählige Möglichkeiten der Inszenierung mit den Jugendlichen umsetzen.

Es ist die spannendste, kreativste und damit auch reichhaltigste Phase innerhalb des Prozesses. Die Spielleitung sollte möglichst wenig kontrollieren und die Spieler/innen dazu ermutigen, möglichst eigenständig und kreativ mit den ästhetischen Mitteln umzugehen, dafür aber umso wertvoller zu »feedbacken«. Die Aufgabe der Spielleitung besteht in dieser Phase ausschließlich darin bei den Jugendlichen Frustration durch Überforderung zu vermeiden, indem sie kleine motivierende Impulse zu gibt, wenn es nötig wird.

2.9 Möglicher Weg einer Inszenierung biografischen Materials

Die Gruppen (ca. vier bis fünf Teilnehmer) sollen unter Verwendung ihrer persönlichen Geschichten (sie »sind« ihre Figuren) und ihrer Begriffe aus der »Schatzkiste« eine Szene gestalten. Für das Erarbeiten der Szene werden folgende Kriterien vorgegeben:

- Ein *Requisit* oder ein Kostümteil verwenden.
- Verschiedene Geschichten sollen in der Szene ganz oder teilweise miteinander *verschränkt* werden.
- Höchstens eine Person erzählt ihre gesamte Geschichte, die anderen verweben ihre Geschichten fragmentarisch in die *Hauptgeschichte.* Sie machen Einschübe oder erzählen Teile der Geschichte weiter.
- Es sollen ein oder mehrere *chorische Elemente* eingesetzt werden – entweder sprachlich (indem z.B. alle synchron einen Satz sprechen, flüstern, oder schreien, usw. und diesen zwischendurch häufiger mal wieder wiederholen), oder mimisch, indem alle synchron dieselben Bewegungen machen (z.B. erzählt jemand etwas von Läusen und alle kratzen sich gleichzeitig am Kopf). Oder jemand erzählt etwas von Treue und alle fangen plötzlich an, ein berühmtes Lied zu singen, in dem es um Treue geht. Oder alle wiederholen synchron oder nacheinander einen Satz …

Um realistische, naturalistische Darstellungen zu vermeiden, sollen folgende ästhetisierende Mittel verwendet werden (Auswahl variabel, oft dem Thema entsprechend):

- Freeze
- verschiedene Spieltempi
- sehr weit voneinander entfernt stehen
- mit dem Rücken zueinander stehen (seitwärts zum Publikum) und dabei so sprechen, als spielte man zueinander
- Variation: einen Dialog nicht zueinander gewandt, sondern ins Publikum sprechen
- ein Körperteil dominiert beim Sprechen
- seltsame, synchrone Körperhaltungen
- Sprechen mit Pose
- Flüstern oder auf andere Art die Stimme verfremden

- zu bestimmten Schlagwörtern bestimmte ironisierende oder kommentierende Posen, entweder einzeln oder in der Gruppe (wiederum synchron oder dominoeffektartig)
- Figurensplitting (eine Person wird durch mehrere Spieler dargestellt)

S. 99

Die Station mit den ästhetischen Mitteln ist immer sichtbar im Raum aufgebaut. Die Spieler/innen können selbst gefundene ästhetische Mittel (z.B. seltsame, synchrone Körperhaltungen oder »Domino-Effekt«) ergänzen und auf neue Karten schreiben und dazulegen. Auf diese Weise wird die »Station« immer größer und vielfältiger.

Nach jeder Erarbeitungsphase erfolgt eine Auswertung im Feedback-Verfahren und ein zweiter Entwurf, der wiederum durch die Gruppe ausgewertet wird. Durch diese Vorgehensweise werden die Entwürfe der Schüler/innen zunehmend verfeinert. Es entsteht eine Vielzahl von Szenen, die zunehmend inhaltlich verbunden werden kann oder als Collage präsentiert wird.

2.10 Catwalk als ästhetisches Mittel im biografischen Theater

S. 58

Der »Catwalk« eignet sich besonders für die Ästhetisierung biografischen Materials: Eine Spielerin oder ein Spieler geht auf geradem Weg an den vorderen Bühnenrand, nimmt dort bewusst eine Pose oder eine bestimmte Haltung ein, schaut konzentriert geradeaus und spricht den Text neutral – ohne entsprechende Mimik oder Gestik – ins Publikum. Durch die absichtliche Zurücknahme jeglichen Gefühls und die Reduzierung auf die Form gewinnt der Inhalt des gesprochenen Textes an Intensität.

Dieses Mittel kann auch für Brüche auf der Bühne verwendet werden: Eine Szene wird abrupt durch den Catwalk eines Spielers unterbrochen (die anderen gehen in den »Freeze«). Der Catwalk-Spieler geht nach vorne an die Bühnenrampe, schaut ins Publikum und sagt: »Ein Einschub«. Dann erzählt er seine Geschichte oder seinen Satz.

Modul 5: Methoden des Inszenierens anhand einer textgebundenen biografischen Produktion

Die in den vorangegangenen Modulen erläuterten Methoden können bei der Erarbeitung einer biografischen Produktion individuell variiert, erweitert und miteinander verknüpft werden. Wie so ein methodischer Weg aussehen kann, soll hier anhand eines Beispiels beschrieben werden. Grundsätzlich gibt es zwei Arten der biografischen Produktion:

- *Die freie biografische Produktion:* Diese geht von einer eigenen Autorenschaft der Gruppe aus. Grundlage der Auseinandersetzung sind ausschließlich die Themen, Gedanken und Biografien der Spieler/innen selbst.
- *Die textgebundene biografische Produktion:* Auch diese geht zunächst von den Themen und Biografien der Spieler/innen selbst aus, verknüpft diese aber in einem weiteren Schritt mit einer Textvorlage. Eigene Themen aus der Lebenswelt der Spieler/innen werden in Bezug gesetzt zu Themen der dramatischen, lyrischen oder epischen Literatur. Diese Form der Eigenproduktion stellt eine Interpretation und Auseinandersetzung der Spieler/innen mit einem oder mehreren fremden Texten dar (Mieruch 2007, S. 25).

Die folgende Auflistung der methodischen Schritte bei einer biografischen Produktion kann als allgemeine Orientierung und Leitfaden bei der praktischen Arbeit dienen. Sie bildet das methodische »Skelett«, das die Spielleiterin bzw. der Spielleiter auf individuelle Weise ausfüllen kann.

1. Mögliche Reihenfolge der methodischen Schritte

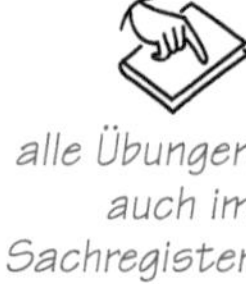

alle Übungen auch im Sachregister auf S. 159f.

- Eine Beziehung zu den Jugendlichen herstellen und das Rollenverhalten »Lehrer/Schüler« abbauen (Spiele, Gespräche, Aktionen draußen).
- Übungen zur Konzentration, Wahrnehmung und Bewusstmachung des eigenen Körpers und dessen vielfältiger Wirkungen im Raum, Stärkung des Selbstwertgefühls, Atemübungen und Übungen zur Präsenz im Raum.

- Feedback-Verfahren einführen und konsequent anwenden, dabei immer nach dem Prinzip der positiven Verstärkung arbeiten: »Fehler« ignorieren, Gelungenes loben.

S. 59

- Schrittweise Erarbeitung der ästhetischen Mittel durch ständige Erweiterung des Spiels »Puppen tanzen lassen«

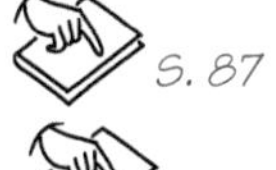
S. 87

- Generierung biografischen Materials durch gelenkte Schreibimpulse, Erstellen von Spiel- und Assoziationskarten, Einrichten einer »Schatzkiste«, Etablieren einer Präsentationsform der biografischen Texte, z. B.: »Ausstellung zur Musik«.

S. 117

- Einen fremden Text oder ein Thema durch biografische Auseinandersetzung mit den Kernbegriffen des Themas einführen: Die Spielleitung muss das Thema zunächst auf Kernbegriffe reduzieren, die der Lebenswelt der Jugendlichen entsprechen oder ihr nahe sind.
- Standbilder zu den Kernbegriffen des Themas in Gruppen erarbeiten lassen, dabei die Ideen und die Eigenständigkeit der Jugendlichen unterstützen.
- Szenenbausteine zu den Kernbegriffen entwickeln lassen und dabei zunehmend ästhetische Mittel verwenden.
- Heranführung an den Originaltext durch Fantasiereise oder Erzählen der »Geschichte«.
- Bezug zwischen eigener Lebenswelt und dem Originaltext herstellen, Material aus der Schatzkiste ausstellen und verwenden.
- Streichen und Bearbeiten des Originaltextes unter dem Gesichtspunkt der Relevanz für die Jugendlichen (z. B. wählen sich die Jugendlichen Textstellen aus, die für sie von Bedeutung sind).
- Szenische Erarbeitung von Textbausteinen und biografischem Material in Gruppenarbeit, dabei ständige Auseinandersetzung mit und Verwendung von ästhetischen Mitteln; Auswertung und schrittweise Verfeinerung der Szenen im Feedback-Verfahren.

Drei Monate vor der Aufführung

- Erarbeitung eines »roten Fadens« bzw. einer Szenenstruktur. Auf dieses »Inszenierungskonzept« wird von nun an gezielt hingearbeitet.
- Spielleitung muss die konzeptionelle Führung übernehmen – wenn nötig, Szenenauswahl treffen und Entscheidungen hinsichtlich des Inszenierungskonzeptes treffen.

Wenige Wochen vor der Aufführung

Verstärkt gruppendynamische Spiele, Krisenbewältigung durch direkte Ansprache im Stuhlkreis (egal wie lange es dauert), positive und stets aufbauende Atmosphäre schaffen, den Jugendlichen durch feste Rituale Sicherheit geben, der inneren Aufregung bewusst entgegenarbeiten, stets Gelassenheit und absolute Zuversicht ausstrahlen.

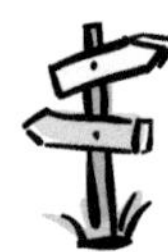

2. Beispielhafter methodischer Weg: Theatrale Umsetzung des Höhlengleichnisses von Platon

Die im Folgenden beschriebene Vorgehensweise ist prinzipiell auf die meisten Originaltexte anwendbar, wenn es gelingt, eine biografische Auseinandersetzung mit den Kernbegriffen in Gang zu setzen wie oben beschrieben.

2.1 Warm-ups

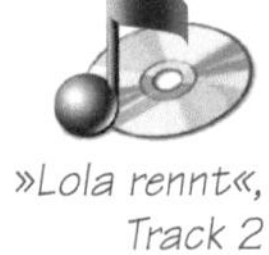

»Lola rennt«, Track 2

- Alle gehen in zehn verschiedenen Tempi durch den Raum.
- »Geburt der Maschine« – Fokus.
- Die ersten beiden Schritte kombinieren mit Formation, Reihe, Diagonale, Dominostein-Effekt – Fallen, Sinken, Kreis, Standbild, Freeze.
- Alles kombinieren mit »eigener Pose« zur gerufenen Anweisung »Pose«.
- Die Schüler/innen erarbeiten selbstständig aus den vorangegangenen Schritten eine kleine eigene Choreografie.
- Die Gruppe gibt sich einen Namen. Die eigene Choreografie ist ihr eigenes »bewegtes Filmplakat« bzw. ihr »Trailer« und wird mit Anmoderation präsentiert.

2.2 Herangehensweise an den literarischen Text: Erarbeitung von zentralen Begriffen (Reduktion)

Reduktion statt Perfektion

Bei einer anspruchsvollen Textvorlage wie dem Höhlengleichnis von Platon sollte es dem Spielleiter nicht um eine möglichst perfekte Durchdringung oder anspruchsvolle Interpretation des Textes gehen. Viel wichtiger – und schwieriger – ist die Reduktion. Je gehaltvoller der Text, desto gehaltvoller sind erfahrungsgemäß auch die Ergebnisse der Schüler/innen. Deswegen sollte man sich von den »großen Themen« nicht abschrecken lassen – wo viel drinsteckt, wird auch viel entdeckt.

Trotzdem sind nicht alle Jugendlichen wie klassische Bildungsbürger gestrickt, die grundsätzlich »verkopft« an eine Sache herangehen und sich einem neuen Stoff über Sekundärliteratur und Anhäufung von Wissen nähern. Dem »Bildungsbürger« ist es wichtig, die Biografie von Franz Kafka zu kennen, um z. B. »Die Verwandlung« besser verstehen zu können. Das ist aber nicht die einzige Herangehensweise an ein Werk oder einen Text. Ein Kunstwerk kann auch subjektiv verstanden werden, ohne dass man etwas über dessen Entstehung und den gesellschaftlichen Kontext weiß. Gerade in der subjektiven Herangehensweise der Schüler/innen liegt eine große Chance, die nicht vertan werden sollte. Als Spielleiter/in sollte man in »demütiger« Haltung und mit großer Neugier auf die Intuition und emotionale Stärke der Schüler/innen warten und sie nicht mit theoretischem Wissen erschlagen.

Wenn man sich als Spielleiter/in dem Tempo und der Herangehensweise der Schüler anpasst, erkennt man, dass ihre Erkenntnisse, Entdeckungen und kreativen Ergebnisse ganz und gar erstaunlich sind und den Ergebnissen von abstrakt oder »verkopft« arbeitenden Menschen in nichts nachstehen. Künstlerisch gesehen sind ihre »Produkte« sogar häufig authentischer und von größerer Intensität.

Um an diese inneren Schätze heranzukommen, ist es wichtig, einen komplexen Stoff zu reduzieren. Während der Arbeit am Höhlengleichnis wurde der Text auf zwei zentrale Aussagen reduziert, die sich aus der Reaktion und dem Interesse der Schüler/innen ergaben:

1. *Es gibt verschiedene Ansichten von Wahrheit.* Daraus resultierten zwei Spielansätze:
   - Der Wechsel der Perspektive auf die Welt – umgesetzt zum einen in dem Bild der höheren Wesen, der »Engel«, die auf die Erde schauen und zum anderen in den rückwärts laufenden »blinden« Menschen.
   - Zwei Sichtweisen ein und derselben »Wahrheit«, woraus sich die zweigeteilten Szenen im Stück entwickelten.
2. *Der Mensch in der Höhle hat Ähnlichkeit mit mir selbst (Lebensweltbezug).* Parallelen ergeben sich aus dem In-Bezug-Setzen des »blinden« Höhlenmenschen zur eigenen Situation: Der Hauptschüler, der sich nicht traut, aus der Höhle zu gehen, weil er die Schmerzen fürchtet. Daraus entwickelten sich die beiden Hauptfiguren, die die Gedanken der Gruppe zum Thema widerspiegeln:
   - Die eine ist die Suchende, die die Wahrheit unter Schmerzen findet, zurück in die Höhle geht, um die anderen von ihrer »Blindheit« zu befreien und bei diesem Versuch scheitert.
   - Der andere ist die Identifikationsfigur des Hauptschülers, der lieber an etwas Falsches glauben will, als den Aufstieg aus der Höhle zu wagen und eventuell zu scheitern. Er hat es sich in seiner negativen Haltung zur Welt bequem gemacht, seine »Wahrheit« lautet z. B.: »Hauptschüler sind dümmer als andere Schüler und darum in dieser Gesellschaft chancenlos. Deswegen lohnt es sich nicht, sich anzustrengen.«

S. 44

Es ist besser, zu wenig zu machen als zu viel. Als Spielleiter/in kann man darauf vertrauen, dass alles gut wird und sich zu einem Ganzen fügen wird, wenn man den Schüler/innen folgt und nicht seiner eigenen Eitelkeit bzw. Angst, dass die Aufführung nicht fertig bzw. nicht qualitativ genug wird. Beide Phänomene, sowohl die Eitelkeit als auch die Angst, sind die größten Fallstricke für den Spielleiter.

2.3 Zu einem zentralen Begriff autobiografische Sätze sammeln (Gewinnung biografischen Materials)

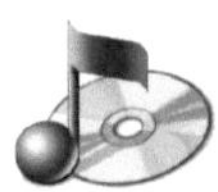

»Was ist Wahrheit?« Alle Spieler/innen erhalten ein DIN-A4-Blatt. Jeder schreibt einen Satz darauf, der für ihn absolut wahr ist. Anschließend werden die Blätter im Raum in Bahnen auf dem Boden verteilt, sodass man wie in einer Ausstellung daran vorbeischlendern und je nach Belieben stehen bleiben und genauer lesen kann. Wenn alle ihre Sätze auf den Boden gelegt haben, gehen die Spieler/innen zu einer ruhigen Musik durch den Raum und lesen die Sätze der anderen. Dabei wird nicht gesprochen. Wer genug gelesen hat, setzt sich selbstständig in den Stuhlkreis.

Wenn alle im Stuhlkreis angekommen sind, werden die Blätter in die Mitte auf den Boden gelegt. Der Reihe nach darf jeder sagen, was ihm aufgefallen bzw. durch den Kopf gegangen ist. Zum Beispiel waren die Schüler/innen im Falle der Arbeit zum Begriff »Wahrheit« verblüfft darüber, dass sie sich nicht auf allgemeingültige Wahrheiten einigen konnten und offenbar jeder etwas anderes für wahr hielt. Darüber entfachte sich eine lebhafte Diskussion.

Die Spielleiterin bzw. der Spielleiter notiert Schlüsselaussagen der Schüler/innen, z.B.: »Es gibt keine allgemeine Wahrheit. Wahrheit ist für jeden etwas anderes.«

Erfahrungsbericht

Ich gebe folgenden Impuls: »Geht in ruhigem Tempo kreuz und quer durch den Raum und denkt über folgenden Satz nach: ›Jemand hat eine rosarote Brille auf.‹ Was meint man damit?« Nach 5 Minuten setzen wir uns im Kreis auf den Boden und sprechen über diesen Satz. Die Schüler/innen haben alle sehr klare Vorstellungen davon, was er bedeutet. Sie nennen mehrere Beispiele, unter anderem: »Jemand ist total verliebt und findet deswegen alles großartig, egal was um ihn herum wirklich passiert. Er findet alles super.«

Ich frage die Schüler/innen, ob es auch Beispiele für das Gegenteil gibt, nämlich sozusagen eine »graue Brille«. Sie steigen darauf sofort ein und nennen sogar noch mehr Beispiele. Im Wesentlichen wird in diesem Gespräch deutlich, dass die Jugendlichen von sich selbst glauben, dass sie eher eine graue Brille aufhaben und daher ziemlich negativ auf ihren Alltag blicken. Einige sind der Meinung, dass dies keine »Brille« ist, sondern die Realität: »Die Realität ist halt scheiße!«

Ich beharre darauf, dass – wenn es das Phänomen einer rosaroten Brille gibt, was wir ja alle bejahen – dass es dann auch das Phänomen der grauen Brille geben muss und dass beide Versionen durchaus nicht die Realität bedeuten müssen. Skeptische Gesichter seitens der Negativdenker in unserer Gruppe. »Gut«, sage ich, »dann machen wir jetzt ein Experiment. Wir ersetzen das Wort ›Realität‹ durch ›Wahrheit‹ und jeder von euch schreibt auf einen Zettel einen Satz, der für ihn ganz eindeutig wahr ist«.

Nach 15 Minuten werden die Zettel auf dem Boden der Halle verteilt. Alle gehen herum und lesen die Zettel. Ich selbst bin über die Ergebnisse sehr überrascht. Zwar finden sich auch »Wahrheiten« dieser Art: »Hauptschüler sind nicht so intelligent wie Schüler vom Gymnasium«, »Bush ist ein Mörder« oder »Palästina ist arabisch« (Zettel von einer syrischen Schülerin) – aber viel zahlreicher sind »Wahrheiten« folgender Art: »Es gibt Engel«, »Es gibt Geister«, »Es gibt eine Zwischenwelt«, »Es gibt die Liebe«, »Nach dem Tod gibt es ein weiteres Leben« ... Allein die Sätze über Engel, Zwischenwelten und Geister tauchen mehrfach auf. Das habe ich überhaupt nicht erwartet.

Zum Abschluss sitzen wir wieder im Kreis und besprechen die Zettel. Die Schüler/innen vertreten ziemlich vehement ihre »Wahrheiten« und geraten darüber teilweise in Streit. Sehr schnell wird deutlich, dass einige in der Gruppe Sätze wie »Hauptschüler sind nicht so intelligent wie Schüler vom Gymnasium« sehr bestreiten und mit Beispielen zu widerlegen versuchen. Die »spirituell« anmutenden Sätze wie »Es gibt Engel« führen zu dem Konsens in der Gruppe, dass man eigentlich nicht wissen kann, ob es solche Wesen oder Welten gibt, weil der Mensch zu beschränkt ist, um diese Fragen sicher mit Ja oder Nein beantworten zu können.

Ein Schüler weist darauf hin, dass die Menschen immer nur das glauben, was sie beweisen können, dass sich diese »Beweise« im Laufe der Zeit aber ändern, wie z. B. die frühere Vorstellung der Menschen, dass die Erde eine Scheibe sei. Auch könne man die Beschränktheit des menschlichen Gehirns daran erkennen, dass sich kein Mensch die Unendlichkeit – oder die Endlichkeit – des Universums vorstellen könne. Dieser Schüler bringt auch das Beispiel von Albert Einstein, der durch seine Relativitätstheorie die bisherige Vorstellung von Zeit und Raum maßgeblich verändert hat. Hier greife ich kurz ein und erzähle den Schüler/innen das Beispiel vom Menschen, der in einer Raumkapsel mit rasender Geschwindigkeit um die Erde kreist und bei der angenommenen Rückkehr auf die Erde feststellt, dass hier die Zeit schneller vergangen ist, als in seiner Raumkapsel.

Noch beim Rausgehen in die Pause höre ich die Schüler/innen darüber diskutieren, was überhaupt »wahr« ist, was man überhaupt mit absoluter Gewissheit annehmen kann. Ich freue mich, weil ich weiß, dass die Grundlage für ein spannendes Theaterstück geschaffen ist.

2.4 Standbilder oder kurze Szenen erarbeiten lassen

Unter Verwendung der ästhetischen Mittel aus den Warm-ups werden nun Standbilder oder Szenen zum unterschiedlichen Empfinden von »Wahrheit«, zur unterschiedlichen Perspektive auf ein und dieselbe Situation erarbeitet: Aus den notierten Schlüsselaussagen der Schüler/innen werden Spielaufgaben entwickelt.

S. 83

In einer vorgegebenen Zeit erarbeiten jeweils Gruppen von vier oder fünf Spielern eine Szene zu einem der Schlüsselsätze. Dabei sollen die im zweiten Modul gelernten ästhetischen Mittel angewendet werden. Nach Ablauf der vorgegebenen Zeit präsentieren die Gruppen ihre Ergebnisse und werten diese im Feedback-Verfahren aus.

Im Falle der Arbeit an »Wahrheit ist …« sollten die Schüler/innen eine Situation darstellen, die auf den ersten Blick eine bestimmte Wahrheit nahelegt, auf den zweiten Blick aber eine ganz andere.

Erfahrungsbericht

S. 27

Nach dem Warm-up erhalten die Schüler/innen eine Gruppenaufgabe. Sie sollen eine kurze Szene entwickeln, in der das Prinzip der »rosaroten Brille« bzw. der »grauen Brille« deutlich wird. Es bilden sich drei Gruppen. Die Schüler/innen erhalten eine Dreiviertelstunde Zeit. Anschließend sollen die Ergebnisse präsentiert werden. (Da die Schüler/innen bereits verschiedene Vorübungen gemacht haben, ist nicht zu erwarten, dass sie versuchen, eine Szene eins zu eins realistisch auf die Bühne zu bringen, denn sie kennen bereits verschiedene Formen der Ästhetisierung.)

Ich setze mich an den Rand, schreibe Protokoll und versuche, unsichtbar zu sein. Selbst als ich höre, dass es in den Gruppen zu Auseinandersetzungen kommt, zwinge ich mich, nicht einzuschreiten, da sich diese Methode schon bei anderen Gruppen bewährt hat. Korrigiert und geklärt wird erst nach der Präsentation. Was dabei auf die Bühne gekommen ist, ist das Ergebnis, für das sich die jeweilige Gruppe selbst verantworten muss. Entstandene Probleme können eventuell hinterher durch meine Hilfestellung geklärt werden. Manchmal ist das aber bis dahin gar nicht mehr nötig, und die Schüler/innen haben die eine oder andere Erkenntnis selbst gewonnen und Erfahrungen mit dem Funktionieren einer Gruppenarbeit gemacht. Der Druck, dass nach einer bestimmten Zeit definitiv und »ohne Gnade« präsentiert werden muss, führt dazu, dass die Schüler/innen versuchen, ihre Konflikte selbst in den Griff zu bekommen. Gelingt ihnen das nicht (was auch vorkommt), müssen sie trotzdem präsentieren, was an Wenigem erarbeitet wurde, und sich mit dem Feedback der zuschauenden Gruppen auseinandersetzen. Oft erhalten sie dann von den anderen Schüler/innen Tipps, wie sie ihre Probleme lösen können, denn diese sind ja durch den gleichen Prozess gegangen und daher selbst zu »Experten« geworden. – Dennoch ist es immer wieder schwer, das »Nicht-Eingreifen« durchzuhalten, wenn man das Gekreische, Geschimpfe und Gepolter hört und sich fragt, was die da eigentlich machen. Überraschend ist aber, dass sie *immer* irgendetwas machen – und selbst wenn sie sich eine Dreiviertelstunde zoffen, haben sie hinterher erwas gelernt.

Die drei Entwürfe sind sehr unterschiedlich, ebenso der Verlauf der jeweiligen Gruppenprozesse. Gruppe 1 stellt eine Szene dar, in der Freunde zusammen Motorrad fahren und dabei das Gefühl grenzenloser Freiheit erleben, das fast an ein Rauschgefühl grenzt, während einer von ihnen dabei vor Angst beinahe stirbt und sich hinterher zur Überraschung der anderen mehrfach auf der Straße übergibt. Der Auftritt und das Fahren auf den Motorrädern sind sehr stilisiert dargestellt, die Motorräder sind Theaterpodeste. Die Geschwindigkeit beim Fahren wird von den Schüler/innen durch Reaktionen und Bewegungen auf dem »Motorrad« dargestellt, ebenso ihre Euphorie. Die Art der Darstellung ist so gekonnt, dass sie von den zuschauenden Gruppen Szenenapplaus erhalten. Während die euphorischen Fahrer/innen schließlich »fliegen«, wird die ängstliche Person immer »kränker« und bewegungsloser, bis sie schließlich vom Podest kippt und sich übergibt.

Im anschließenden Feedback erhält die Gruppe viel Lob. Dennoch wird bemängelt, dass die zwei Perspektiven ein und derselben Situation in nur einer Szene dargestellt wurden und dass es besser wäre, daraus zwei Szenen zu machen, die den gleichen Ablauf und den gleichen Inhalt zeigen, nur einen völlig unterschiedlichen Eindruck vermitteln. Gemeinsam entwickeln wir die Idee, zwei solcher Szenen mit identischem Inhalt, aber deutlich anderer Aussage mit derselben Musik zu unterlegen, sodass der Unterschied noch spürbarer wird. Durch das Einsetzen derselben Musik soll der Unterschied zur ersten Szene noch krasser herausgestellt werden.

Die zweite Gruppe präsentiert eine Familienszene, die Ähnlichkeiten mit dem »Familienfoto« aufweist. Diese Gruppe hat zwei Szenen entwickelt, die den gleichen Inhalt, aber eine sehr unterschiedliche Aussage haben. In der ersten Szene ist die Familie ein Idealbild, Mutter und Vater gehen liebevoll miteinander und mit den Kindern um – es wird eine Idylle dargestellt. Die zweite Szene ist genauso angeordnet, doch jetzt wirkt sie wie ein Albtraum: Alle streiten und verletzen sich, die Mutter ist Alkoholikerin, der Vater gewalttätig. Die »Hauptdarstellerin« beschließt beide Szenen mit einem inneren Monolog an der Bühnenrampe, der ihre Sichtweise zum Ausdruck bringt.

Auch diese Gruppe erhält für ihr Spiel viel Lob, doch die zuschauenden Schüler/innen sind mit den zwei Perspektiven noch unzufriedener als bei der vorangegangenen Gruppe. Es wird kritisiert, dass man zwei völlig unterschiedliche Familien gesehen hat und nicht nur die Perspektive anders war. Nach Meinung der Schüler/innen muss der dargestellte Inhalt gleich sein, nur anders wirken. Die Problematik der Aufgabe wird jetzt ganz deutlich. Wie schafft man es, im Grunde dasselbe darzustellen und dennoch dem Zuschauer das Gefühl zu geben, er habe etwas anderes gesehen? Es werden folgende Vorschläge gemacht:

- Der Ablauf der Szenen muss gleich sein. Die Figuren könnten aber in der einen Szene ganz normal aussehen, in der zweiten völlig fertig und runtergekommen.
- Das in der ersten Szene als Fürsorge verstandene Verhalten kann in der zweiten Szene als Erpressung oder falsche Fürsorge interpretiert werden.
- Die unterschiedliche Aussage beider Szenen könnte durch skurrile Elemente unterstützt werden. Beispielsweise sind die Eltern in der zweiten Szene Schweine oder Insekten. Dies würde auch auf eine sehr subjektive Sichtweise hindeuten. (»Wie sieht die Familie aus der Sicht des Kindes aus?« Oder: »Hat das Kind Drogen genommen?«)

Der dritte Szenenentwurf ist völlig anders als die beiden ersten: Zwei Schülerinnen sitzen auf der Bühne (in der Halle ist die Bühne durch Striche gekennzeichnet). Die eine Schülerin sitzt ganz rechts außen auf einem Stuhl, die andere ganz links außen auf einem anderen. Beide sprechen gleichzeitig einen Monolog, in dem sie jeweils ihre Sichtweise einer Situation beschreiben. Die Sichtweisen unterscheiden sich komplett voneinander, obwohl es sich bei der beschriebenen Situation um ein und dieselbe handelt.

Die zuschauenden Schüler/innen loben die Idee, finden aber die Umsetzung etwas langweilig. Außerdem hatten sie Schwierigkeiten, den Text zu verstehen. Wir einigen uns darauf, dass dieser Entwurf sehr wohl Eingang in unsere Produktion finden könnte, wenn man den Text deutlicher herausarbeitet und die Szene strukturiert, sodass der Zuschauer schneller ein Aha-Erlebnis hat. Man könnte die Darstellerinnen zunächst nacheinander sprechen lassen und dann erst gleichzeitig. Trotzdem fehlt den Schüler/innen hier die Bebilderung des Inhalts.

Insgesamt bin ich mit den Entwürfen der Schüler/innen sehr zufrieden und lobe ihre bereits ausgeprägte Fähigkeit, Inhalte auf der Bühne stilisiert darzustellen und in Bildern zu denken. Ich fasse ihnen gegenüber zusammen, was wir über die Schwierigkeit, zwei verschiedene Perspektiven einer Situation darzustellen, herausgefunden haben und welche Ansätze wir für später im Kopf behalten werden. Ich sage ihnen auch, dass die heutige Arbeit an den Perspektiven bereits in ihre Köpfe »gesickert« ist und dass diese Grundidee sich bei ihnen ganz von selbst weiterentwickeln wird. Als »Hausaufgabe« fordere ich sie auf, im Alltag darauf zu achten, ob ihnen Beispiele für verschiedene Sichtweisen auf eine Situation auffallen: »Fragt euch mal, ob eine Situation oder eine Person so ist, wie ihr denkt, oder ob vielleicht auch eine ganz andere ›Wahrheit‹ dahinterstecken könnte.« Es ist interessant zu beobachten, wie sehr dieser Gedanke den Schüler/innen gefällt. Es wirkt fast so, als freuten sie sich darauf, ihre Alltagssituationen neu unter die Lupe nehmen zu können.

2.5 Den Text präsentieren

Nun wird der Text präsentiert, z.B. als spannende Erzählung, als Kaspertheater oder als Fantasiereise, anschließend Gespräch darüber. Da die Sprache im »Höhlengleichnis« die Schüler/innen abschrecken bzw. demotivieren würde, wird die erste Begegnung mit dem Inhalt als Fantasiereise inszeniert.

Bei einer **Fantasiereise** muss man immer darauf achten, dass man keine Wörter verwendet oder Situationen beschreibt, die die Schüler/innen nicht kennen. Wenn man z.B. von einem Strand und dem Blick aufs Meer spricht, sollte man beachten, dass Kinder aus sozial schwachen Familien diese Situation unter Umständen nicht nachempfinden können, weil sie Ähnliches noch nie erlebt haben und im besten Fall nur aus dem Fernsehen wissen, wovon man spricht.

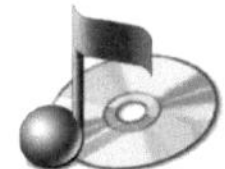

Die Spielleiterin bzw. der Spielleiter fordert alle Schüler/innen auf, es sich auf dem Boden bequem zu machen und die Augen zu schließen. Eventuell wird leise Musik eingespielt, die die Atmosphäre des zu präsentierenden Textes unterstützt. Der Spielleiter erzählt die »Geschichte« bzw. die »Handlung« des Textes mit eigenen Worten nach, und zwar so anschaulich und spannend wie möglich. Beispiel:

> *»Du befindest dich in einer unterirdischen Höhle. Es riecht nach Erde. Die Luft ist stickig. Es ist heiß. Der Schweiß läuft dir den Nacken runter. Du sitzt am Boden mit dem Gesicht zur Höhlenwand. Ein kratziges Seil ist fest um deinen Hals gespannt und drückt deinen Kopf nach unten. Du kannst deinen Kopf nicht richtig nach oben heben. Auch deine Füße sind an den Gelenken mit schweren Ketten aneinandergebunden. Deine Hände sind so fest hinten auf deinem Rücken gefesselt, dass deine Arme inzwischen längst ›eingeschlafen‹ sind. Du fühlst nur noch einen dumpfen Schmerz. Hinter dir flackert ein Feuer. Aber du kannst dich nicht bewegen und deswegen auch nicht umdrehen. Vor dir auf der Höhlenwand tanzen die Schatten …«*

Anschließend Gespräch im Kreis über die Eindrücke und aufgeworfenen Fragen. Die Spielleiterin bzw. der Spielleiter lenkt das Gespräch durch Impulse, z. B. »Was könnten die Schatten bedeuten?«, »Was ist das Problem der Menschen in der Höhle?«, »Warum wollen sie nicht rausgehen?«, »Warum töten sie den einen, der ihnen von der Welt draußen erzählt?«. Dabei achtet der Spielleiter darauf, die Aussagen der Schüler/innen ausschließlich positiv zu kommentieren – wenn es überhaupt notwendig ist zu kommentieren. Der Spielleiter notiert Schlüsselaussagen aus diesem Gesprächskreis auf großen Karten – pro Karte immer nur eine Aussage und von Weitem gut lesbar. Die Karten können später für szenische Entwürfe in den Gruppen oder für Warm-up-Übungen benutzt werden.

Erfahrungsbericht

Ich fordere die Schüler/innen auf, es sich auf dem Boden so bequem wie möglich zu machen, und warte, bis wirklich alle still sind. Ich kündige ihnen an, dass ich ihnen nun eine seltsame Geschichte erzähle. Mit eigenen Worten erzähle ich das Höhlengleichnis so detailgetreu wie möglich nach, und zwar in der Form der direkten Anrede (Fantasiereise), verwende dabei aber nicht die den Schüler/innen wahrscheinlich altertümlich anmutenden Originalformulierungen. Zur atmosphärischen Unterstützung spiele ich leise Musik.

Wie sich anschließend herausstellt, haben die Schüler/innen sehr genau zugehört. Zu meiner Überraschung haben sie offenbar kaum Schwierigkeiten, die Bilder des Gleichnisses zu entschlüsseln. So erklären sie sofort, dass die Schatten »falsche Wahrheiten« sind, wie z. B. der Glaube daran, dass die Erde eine Scheibe sei, worüber wir ja in der letzten Stunde gesprochen hatten. Die Schüler/innen kommen auf die »Beschränktheit der Menschen« zurück, die nur das für wahr halten, was sie glauben oder vermeintlich beweisen können.

Eine Schülerin merkt an, dass auch die Meinung von sich selbst, dass man eben benachteiligt sei und daran nichts ändern könne, eine Form dieser »Schatten« sein könnte. Ich frage: »Aber warum bringen diese Leute in der Höhle denn ausgerechnet denjenigen um, der ihnen einen Weg aus der Höhle hinaus zeigen will?« Dieselbe Schülerin meldet sich erneut und sagt: »Die haben Angst.«

Ich bin über die Äußerungen der Schüler positiv überrascht. Wir reden lange darüber, wie es kommt, dass die Menschen lieber an ihren »Schattenwahrheiten« festhalten, als die tatsächliche Wahrheit zu erfahren. Ich stelle den Schüler/innen Fragen und ermutige sie, ganz ehrlich zu antworten, was ihnen als Erstes in den Kopf kommt. Bewusst versuche ich, jegliche »Wir-interpretieren-ein-Gedicht-in-der-Deutschstunde«-Stimmung zu vermeiden. Ich bestätige die Schüler/innen in jedem noch so zaghaft begonnenen Gedankengang.

Zum Beispiel antwortet ein Schüler auf meine Fragen (»Was fürchten diese Menschen? Wann ist Wahrheit schmerzlich? Habt ihr das schon einmal erlebt, dass eine Wahrheit wehgetan hat?«): »Wenn jemand merkt, dass er sich geirrt hat und dass seine ›Wahrheit‹ – nämlich die, dass er zu dumm ist, um im Leben was zu erreichen – gar nicht stimmt, dann hat er ein Problem. Dann kriegt er nämlich Angst, dass er jetzt was machen muss, um im Leben was zu erreichen, und er kann es nicht mehr auf seine Dummheit schieben. Deswegen hält er lieber an der falschen Wahrheit fest und will lieber glauben, dass er dumm ist, weil das einfacher für ihn ist. Dann kann er immer rumjammern und anderen Leuten die Schuld dafür geben, dass er sein Leben nicht auf die Reihe kriegt. So einer will die Wahrheit nicht wissen, weil er dann was ändern müsste.«

Es kommen auch andere Ideen: »Vielleicht ist so ein Penner, der auf der Straße sitzt, in Wirklichkeit ein total schlauer Typ – jemand, der viel mehr weiß als die anderen und einfach keine Lust mehr hat, das gesellschaftliche Spielchen mitzuspielen, mit Sozialversicherung und Steuern und so … Er ist viel intelligenter als alle anderen und könnte sich viel bessere Systeme für die ganze Gesellschaft ausdenken, aber es glaubt ihm keiner. Die anderen kapieren seine Ideen nicht.«

»Das eine ist also das, was wir sehen und für wahr halten, auch wenn es vielleicht nicht die ganze Wahrheit ist, die wir da sehen, wie das beim Penner der Fall ist«, versuche ich zu ordnen. »Das andere ist das bewusste Abwehren der Wahrheit, weil wir im Grunde schon ahnen, dass wir damit nicht zurechtkommen werden – wie im Falle der Person, die nicht wahrhaben will, dass der Misserfolg im Leben nicht an ihrer vermeintlich angeborenen Dummheit liegt, sondern an der eigenen Feigheit oder Faulheit, etwas zu verändern. Wer den Penner für das hält, was er in ihm zu sehen glaubt, ist wie ein Mensch, der in der Höhle sitzt und die Schatten für die Wirklichkeit hält. Aber wer die Wahrheit nicht wahrhaben *will*, ist wie ein Mensch, der sich gegen das Hinaufzerren aus der Höhle wehrt, weil Schmerzen zu groß sind.«

Bei dieser Zusammenfassung ist mir klar, dass die Gruppe mir hier gedanklich nicht mehr folgt. Sie sind nun eifrig damit beschäftigt, Beispiele zu finden, und überschreien sich teilweise gegenseitig. Dennoch bleibt der Austausch konstruktiv und auf das Thema bezogen. Es ist klar, dass das Durchdenken der einzelnen genannten Beispiele länger dauert, als sie sich Zeit dafür nehmen. Jeder will seinen Gedankengang zu Gehör bringen und die Anerkennung dafür einheimsen. Zuzuhören oder sich gar in eine fremde Idee hineinzudenken sind jetzt nicht mehr drin. Deswegen bleiben heute viele gute Ideen zum Höhlengleichnis unreflektiert, vielleicht sogar vom Großteil der Gruppe unverstanden.

Die ersten Anzeichen eines kleinen Wunders vermeine ich aber darin zu erkennen, dass die Schüler/innen fast alle einen eigenen und größtenteils stimmigen Gedanken zu einem philosophischen Text entwickeln und diesen äußern. Damit uns nichts verloren geht, schreibe ich ihre einzelnen Gedankenausbrüche ganz schnell mit. Wir werden sie vielleicht später für Szenenentwürfe verwenden können und uns eingehender mit ihnen beschäftigen. Daher verzichte ich für heute auf die Einhaltung der Gesprächsregeln (zuhören; warten, bis der andere fertig ist; reflektieren, was gesagt wurde, und darauf Bezug nehmen ...), denn dies würde den plötzlichen Fluss der Ideen bremsen, wenn nicht sogar stoppen. Stattdessen begreife ich diese Phase als ein sehr ergiebiges Brainstorming, dessen Inhalt ich schriftlich festhalte.

2.6 Herstellen des biografischen Bezugs der Schüler/innen zum Text

Der biografische Bezug zum Text kann auf verschiedene Weisen hergestellt werden. Dafür eignen sich manchmal Texte aus der »Schatzkiste«, die thematische Überschneidungen zum Text aufweisen, Themenstandbilder aus vorherigen Übungen oder auch einfach ein provozierender Satz der Spielleitung. Hier ein Beispiel:

Erfahrungsbericht

Nach intensiven Warm-ups Versammlung im Kreis auf dem Boden. Ich überrasche die Schüler mit der bewusst provokanten Frage: »Was sind typische Hauptschüler-Sätze?« Eine Schülerin lacht spontan los und sagt: »Das kann ich nicht.« – »Super!«, rufe ich und schreibe den Satz sofort auf. Erst jetzt verstehen die anderen, dass es schon losgegangen ist. Einen Augenblick verdutztes Schweigen. Dann regnet es Sätze wie »Lass mich in Ruhe!«, »Verpiss dich, du Arsch!«, »Du bist'n Scheiß-Opfer!«, »Hauptschüler sind dümmer als andere Schüler«, »Hauptschüler haben sowieso keine Chance«, »Alle Hauptschüler sind asozial« und Ähnliches.

Ich schreibe jeden einzelnen Satz sehr sorgfältig und »schön« auf eine Karte. Das ist besonders bei Sätzen wie »Verpiss dich, du Arsch!« lustig – das finden ganz besonders die Schüler/innen. Auf der einen Seite lachen sie sich schlapp darüber, dass ich stur jeden ihrer Sätze aufschreibe, auf der anderen Seite finden sie es auch irgendwie spannend und scheinen sich geschmeichelt zu fühlen.

Als eine ganze Reihe wunderbarer »Hauptschüler-Sätzen« auf dem Boden verteilt liegt, nehme ich eine beliebige Karte, zeige sie einem Schüler und frage: »Ist das wirklich wahr?«. Auf der Karte steht »Alle Hauptschüler sind asozial«. Benny sagt: »Ja, klar. Stimmt.« Kurze Pause. Er lacht und sagt dann mit versöhnlichem Grinsen in die Runde: »Mann, war'n Scherz, Alter!«

Ein gutes Gespräch beginnt. Impulse: »Wer denkt, dass Hauptschüler asozial sind und warum? Was bedeutet denn überhaupt ›asozial‹? Wer sagt so was und warum? Hat dieser Satz überhaupt eine Wahrheit? ...« Auf diese Weise diskutieren wir mehrere Karten.

Ergebnis: Die typische »Wahrheit« eines Hauptschülers
Hauptschüler trauen sich wenig oder gar nichts zu. Sie haben Angst, sowieso zu scheitern. Deswegen machen sie einen auf dicke Hose oder verhalten sich nach außen aggressiv. Die anderen sollen denken, man wäre cool und abgebrüht. Man darf nicht schwach wirken, sonst kriegt man eins auf die Fresse. Es ist besser, wenn man von vornherein schon aufgibt und sich einfach ne schöne Zeit macht, scheiß auf die Noten, denn scheitern wird man hinterher sowieso. Aber eigentlich hat man Schiss. Man hat Angst, dass alles nicht klappt und man als Verlierer dasteht. Das ist das Schlimmste. Also versucht man es gar nicht erst. Aber das will keiner zugeben, weil man ja kein »Scheiß-Opfer« sein will ...

Ich frage am Ende: »Und wie fühlen sich die Leute in der Höhle?« – »Genauso wie wir.« – »Wir trauen uns auch nix.« – »Ja, wir würden auch in der Höhle sitzen bleiben und gar nicht erst versuchen rauszugehen. Aber Hauptsache cool bleiben, ey.« Die Schülerin, die das gesagt hat, lacht – und ich denke: Da soll mal einer sagen, die Schüler hätten keine Selbstironie!

2.7 Szenische Erarbeitung zentraler Textstellen

1. Impuls

»Gibt es eine übergeordnete Wahrheit? Ein ›Wahrheitsprinzip‹? Wie könnte es aussehen? Zum Beispiel Religion, Philosophie, ›Engel‹, ›Zwischenwelt‹ und so weiter?«

Die Schüler/innen finden ein Bild oder eine Szene, die das übergeordnete Wahrheitsprinzip symbolisch darstellt. Erzielte Ergebnisse waren z. B.:

- weiße Gestalten in Zeitlupe,
- Betrachten der Erdkugel,
- Spiel mit dem Globus,
- Betrachten von Gegenständen, die die großen Erfindungen der Menschheit darstellen,
- Perspektive auf die Welt »von oben«.

2. Standbild und/oder Szene zum Begriff »Wahrheit«

Alle Schüler/innen liegen entspannt auf dem Boden, die Spielleitung gibt folgenden Impuls: »*Wenn es eine übergeordnete Wahrheit gibt, die über allem steht, was Menschen wissen können, wie könnte man das auf der Bühne darstellen?*«

Zum ersten Mal soll die gesamte Gruppe ein Standbild oder eine Szene dazu erarbeiten und präsentieren. Dazu stellt die Spielleiterin bzw. der Spielleiter eine Musik vor, die bei der Präsentation des Standbildes gespielt werden soll (in diesem Falle das »Air« von Johann Sebastian Bach). Die Schüler/innen sollen nacheinander in das Standbild gehen und dann »einfrieren«. Wenn alle stehen, wird die Musik ausgeblendet. Eine Spielerin oder ein Spieler wird zum »Musik-Manager« ernannt und soll die Anlage selbst bedienen. Er erhält eine Einweisung und ist bei der folgenden Erarbeitungsphase zugleich der Regisseur.

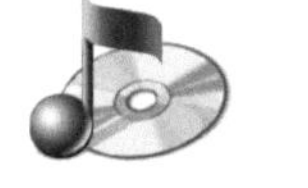

»Air« von Johann Sebastian Bach

Die Spielleiterin bzw. der Spielleiter verlässt während der Erarbeitungsphase den Raum. Damit das funktioniert, müssen die Schüler/innen bereits wissen, wie man ein Standbild baut. Nach Ablauf der Erarbeitungszeit erfolgt die Präsentation mit Musik auf der Bühne. Der Spielleiter ist Zuschauer und muss anschließend ein positives Feedback geben. Dabei ist es wichtig, möglichst konkret und genau die Dinge zu beschreiben, die gelungen sind.

Erfahrungsbericht

Bildliche Umsetzung des Begriffes »Wahrheit«

Nachdem wir uns beim letzten Mal sehr intensiv mit dem formalen »Handwerkszeug«, den einzelnen Bausteinen beschäftigt haben, wenden wir uns heute wieder der inhaltlichen Seite unserer Produktion zu. Dennoch wird das »Lauf-Warm-up« wie immer absolviert, aus den bereits genannten Gründen. Anschließend gehen wir im Fokus zu Filmmusik langsam durch den Raum. Wir setzen uns im Kreis auf den Boden und ich zeige den Schüler/innen ihre »Wahrheitszettel«, um sie an ihre Gedanken zum Thema »Wahrheit« zu erinnern. Jeder soll kurz den Satz erklären, den er bzw. sie aufgeschrieben hat.

Nun fällt allen auf, dass die meisten von Engeln und »Zwischenwelten« geschrieben haben. Ich selbst bin mir nicht sicher, wohin das führt und ob wir diese Richtung überhaupt verfolgen sollten. Dennoch warte ich ab, um zu hören, ob nicht vielleicht doch ein guter Einfall in Bezug auf das Höhlengleichnis dabei herausspringt.

S. 133

Jemand macht den Vorschlag, dass wir unser Stück in einer »Zwischenwelt« beginnen lassen sollten. Ich frage, was diese »Zwischenwelt« denn eigentlich sein soll. »Das ist eine Welt, die irgendwo, irgendwie existiert, ohne dass wir davon etwas wissen«, erhalte ich zur Antwort, »da, wo es zum Beispiel Engel gibt.« »Und vielleicht können die Engel uns sehen und reden über uns«, ergänzt jemand anders, »vielleicht bewegen die sich unsichtbar auf der Erde und beschützen uns oder so.« Dieser Gedankengang wird von den anderen aufgegriffen. Erstaunlicherweise scheint keiner ein Problem mit dieser Vorstellung zu haben. Im Gegenteil – es wirkt fast so, als gingen alle davon aus, dass das wirklich so sein könnte.

Ich finde diesen Gedanken interessant, weise die Schüler/innen aber darauf hin, dass wir lieber nicht von Engeln sprechen sollten, weil das Wort »Engel« doch sehr religiös besetzt sei. »Können wir nicht einfach sagen, das sind Wesen, die uns überlegen sind, Wesen, die näher an der Wahrheit sind als die durchschnittlichen Menschen – oder sogar für die Wahrheit selbst stehen?«, schlage ich vor. Das findet offenbar die Zustimmung der Gruppe. Ein Schüler nickt heftig und merkt an: »Bloß nicht was Religiöses! Dann wird es kompliziert …«

»Aber wie heißen die denn dann, wenn nicht Engel?«, fragt eine Schülerin etwas unzufrieden. Uns fällt keine gute Bezeichnung ein, aber ich beruhige sie, dass man nicht alles sofort wissen muss. Erstmal haben wir also »Engel«, die wir später noch anders nennen werden, die für die Wahrheit stehen. »Dann müssen die weiß sein«, wirft ein Schüler ein. Wieder sind sich alle sofort einig. Offenbar haben sie bereits ein Bild im Kopf. »Aber keine Flügel!«, murmelt eine Schülerin und wird sofort von den anderen belehrt, dass es ja sowieso keine Engel seien und sie deshalb logischerweise auch keine Flügel hätten.

»OK«, sage ich, »unser Stück beginnt mit den weißen Wesen, die für die Wahrheit stehen und außerhalb unserer Wahrnehmung existieren. Das ist gut. Was machen denn diese ›Engel‹? Solange wir keinen anderen Namen haben, nennen wir sie erst mal so. Wir wissen ja, dass wir damit keine religiösen Wesen meinen.« – »Sie interessieren sich für die Menschen«, kommt eine Antwort. »Sie spielen mit den Planeten«, folgt eine andere. »Das ist gut!«, rufe ich, »lasst uns anfangen!«.

Ich versuche immer, einen umsetzbaren Gedanken der Schüler/innen sofort auszuprobieren und nicht ewig darüber zu diskutieren. Meistens zeigt sich sehr schnell, ob der Gedanke auf der Bühne brauchbar ist oder nicht. Vor allem entsteht durch das direkte Spiel eine ganz neue Dynamik, die uns sofort von einer Idee zur nächsten führt, während theoretische Gedankenspielchen oft in Sackgassen führen.

Die Schüler/innen stehen auf, gehen zur »Bühne«. Ich wühle in meinem CD-Haufen. Spontan entscheide ich mich in diesem Augenblick für das »Air« von Johann Sebastian Bach. Sollte die Musik nicht »funktionieren«, werde ich eine andere ausprobieren. Erst in der Kombination von Spiel und Musik zeigt sich, ob das Stück sich eignet oder nicht.

»Ich werde jetzt Musik spielen, und ihr tretet als ›Engel‹ auf. Macht einfach mal so, wie ihr denkt!« Die Schüler/innen stehen nun eine Weile diskutierend auf der Bühne. Schließlich rufe ich: »Fangt einfach an! Probiert was aus! Nicht so viel reden!« – »Wir sprechen nur die Reihenfolge ab«, werde ich in leicht empörtem Tonfall belehrt. »Entschuldigung«, rufe ich lachend. Dann geht es los.

Das »Air« wabert durch den Raum. Nacheinander treten die Spieler/innen auf. Sie bewegen sich sehr langsam. Zwar sind ihre Bewegungen noch nicht ausgeformt und es ist offensichtlich, dass sie diese Art von »Zeitlupe« gar nicht abgesprochen haben, aber die Langsamkeit ihrer Bewegungen ist dennoch deutlich erkennbar. Sie nehmen verschiedene Positionen auf der Bühne ein und beginnen pantomimisch mit unsichtbaren Bällen (den Planeten) zu spielen. Diese pantomimischen Ausführungen sind noch sehr diffus und ungenau, aber ihre Grundidee finde ich sehr gut. Ich lasse die Musik »ausfaden«. »Warum bewegt ihr euch so langsam?«, frage ich. Die Gruppe reagiert irritiert. Mir wird klar, dass sie das tatsächlich nicht abgesprochen hatten. Offenbar haben sie ihre unbewusste Vorstellung davon, wie »höhere Wesen« sich bewegen, mit der Warm-up-Übung »Langsames Gehen durch den Raum« bzw. mit dem ästhetischen Mittel »Zeitlupe« verknüpft – dies ist insofern interessant, als Keith Johnstone (2002, S. 125) in seinen Ausführungen über Hoch- und Tiefstatus darauf hinweist, dass »Zeitlupe eine Hochstatus-Wirkung erzielt«.

»Ihr müsst jetzt gar nicht so bedröppelt gucken!«, rufe ich, »das war super! Ihr habt absolut recht: Die Engel müssen sich ganz langsam bewegen. Das wirkt sehr gut! Jetzt macht das noch mal, nur noch langsamer und genauso konzentriert wie in unserer Warm-up-Übung!« Beim zweiten Mal hat der Auftritt zum »Air« von Bach bereits so viel Würde, dass ich denke: »Sie wirken tatsächlich schon ein bisschen wie Engel.« Hinterher frage ich die Gruppe noch einmal, warum die Engel sich langsam bewegen. »Die sind total souverän«, kommt die spontane Antwort, »die haben es nicht nötig hektisch zu sein. Die sind ja Chef«.

Wir wiederholen die Szene mehrere Male und jedes Mal schauen ein oder zwei Schüler/innen zu und korrigieren zusammen mit mir die pantomimischen Bewegungen. Ich sage den Schüler/innen, dass Pantomime sehr schwer ist und immer schlecht rüberkommt, wenn man es nicht wirklich perfekt macht. Wir einigen uns darauf, dass jeder höchstens drei eindeutige Bewegungen macht, diese aber sehr langsam immer wieder wiederholt. Dabei muss jeder ununterbrochen an genau das denken, was er tut, und jede Bewegung so ausführen, als sei die Kugel (der Planet) wirklich da. So muss z. B. der Blick immer der Kugel folgen, auch wenn sie auf den Boden fällt und ein Stück wegrollt.

Wir greifen auch den anderen Vorschlag »Die Engel interessieren sich für die Menschen« auf. Daraus entstehen zwei Ideen:

- Die »Engel« spielen mit der Erdkugel – ein Globus oder ein aufblasbarer Wasserball als Erdkugel – auf der Bühne.
- Die Engel spielen mit den wichtigen Erfindungen der Menschheit, z. B. einem Rad, einer Glühbirne, einer Uhr, einem Telefon oder Ähnlichem.

Später entscheiden wir uns für das langsame Gehen in das »Engel-Standbild«. Alle pantomimischen Elemente fallen raus. Durch die Reduzierung wird die Wirkung der Szene und auch der Hochstatus der Engel extrem verstärkt.

2.8 Durch Bewegung Gefühle erfahren

Die Spielleiterin bzw. der Spielleiter präsentiert auf DIN-A4-Spielkarten verschiedene Bewegungsimpulse, die von der Gruppe im Warm-up ausgeführt werden sollen (z. B. in Kombination mit der Spieltempi-Übung):

S. 88

- »Gefesselt sein«,
- »Bei jeder Bewegung Schmerzen empfinden«,
- »Blind sein« und Ähnliches.

Als Vorlage dienen die in den vorherigen Kapiteln beschriebenen Warm-ups. Viele von ihnen lassen sich problemlos variieren und thematisch anpassen. Je vielseitiger die Warm-ups vom Spielleiter auf das neue Thema hin vorbereitet sind, desto fantasievoller und besser werden später die Entwürfe der Spieler/innen. Einen schnellen Überblick über infrage kommende Übungen verschafft das Kapitel »Best of«; die Übungen lassen sich inhaltlich an das jeweilige Thema anpassen.

S. 62

Beispiel: Mithilfe der Impulsfrage »Durch welche Gefühle sind wohl die Menschen in der Höhle bestimmt?« Wortkarten entwickeln. Die Wortkarten werden im Warm-up benutzt. Beim »Pulk zum Thema« könnte ein »Angst-Pulk« oder ein »Neid-Pulk« entstehen.

2.9 Finden von Bewegungsmustern

Für den Zustand der Menschen in der Höhle sollen nun Bewegungsmuster gefunden werden: Sie sind »blind«. Sie kommen nicht vorwärts. Sie wagen es nicht, etwas Neues anzuerkennen, ihre Sichtweise zu verändern bzw. zu erweitern. Sie beschäftigen sich mit sinnlosen Tätigkeiten und Spielen: Wer am besten die Schatten benennt, erhält eine Auszeichnung … Dazu Improvisationen zu aussagekräftigen Bewegungsabläufen.

2.10 Erarbeitung einer Szene aus den gefundenen Bewegungsmustern

Erfahrungsbericht

Nach dem Warm-up liegen die Schüler/innen entspannt auf dem Boden. Ich spiele sehr leise im Hintergrund das »Air« von Johann Sebastian Bach. Ich lese ihnen – so ausdrucksstark und spannend ich das als Nichtschauspieler kann – den ersten Teil des Höhlengleichnisses vor. Hierbei geht es um die Situation der Menschen in der Höhle. Auch im letzten Teil des Gleichnisses befindet sich eine Textstelle zur Situation der Menschen, um die ich den ersten Teil ergänze. Es ist die erste Begegnung der Schüler/innen mit dem Originaltext.

Anschließend sage ich: »Heute wird es spannend. Ihr werdet gleich eure erste Szene für unsere Produktion entwerfen. Ihr arbeitet als ganze Gruppe und ich lasse euch damit völlig allein. Euer Auftrag ist es, diesen ersten Teil des Höhlengleichnisses auf der Bühne darzustellen. Ihr bekommt dafür von mir einen Musikvorschlag. In der Szene darf nicht gesprochen werden. Ich möchte nur Bilder sehen, die diesen ersten Teil darstellen. Zur Erinnerung lege ich euch hier vorne Karten mit den verschiedenen Methoden hin, die ihr schon kennt und die ihr benutzen sollt.« Ich zeige ihnen die CD, erkläre die Musikanlage und wende mich zum Gehen. Indem ich ihnen die Verantwortung für die Szene übertrage, will ich die Selbstständigkeit der Schüler/innen unterstützen.

Die Schüler/innen rennen sofort zum Besprechen zusammen. Auf dem Weg nach draußen drehe ich mich noch einmal um und ergänze vorsichtshalber: »Aber ihr wisst, dass ihr jetzt keine Höhle darstellen sollt – auch keine Fesseln und so was ...« Ein Schüler unterbricht mich mit empörtem Unterton: »Ja, ja, das wissen wir doch! Das ist ja nur symbolisch.« Ich muss lachen und mache mich schnell davon.

Nach einer Dreiviertelstunde komme ich zurück und setze mich in den »Zuschauerraum« (in der Halle gekennzeichnet). Die Präsentation kann beginnen. Nach einigem aufgeregten Hin- und Hergerenne und hektischem Geflüster gehen die Schüler/innen auf ihre Positionen. Sie »frieren ein« Die Bühne ist leer. Die Musik beginnt.

Vom hinteren Teil der Bühne kommt Linda rückwärts laufend auf die Bühne. Von links und rechts erscheinen Benny und Dominik – ebenfalls rückwärts laufend. Nacheinander kommen alle Darsteller/innen rückwärts auf die Bühne und laufen auch weiterhin hektisch rückwärts durcheinander. Manchmal stoßen zwei zusammen, sind dann sichtlich empört übereinander und laufen rückwärts weiter. Schließlich erscheint Christian von hinten mittig. In sehr selbstbewusster Haltung tritt er rückwärts auf die Bühne, vor sich ausgestreckt hält er einen Spiegel, der ihm als Rückspiegel dient. Die anderen halten alle kurz in einem erstaunten Freeze inne und bewundern diese geniale »Erfindung«. Als einer versucht, den Rückspiegel zu greifen, stoßen mehrere Rückwärtsläufer zusammen und es kommt zu einem Tumult. Die ganze Gruppe fällt in einem Riesenklump zu Boden. Freeze. Musik aus.

Mir ist vollkommen klar, dass ich ein Wunder gesehen habe. Ich lache und klatsche wie wild, aber da rennen bereits alle zu mir und wollen mir ihre Idee erklären. Ich versuche lachend abzuwehren und rufe: »Das war so genial, dass ihr nichts mehr erklären müsst!«, aber sie wollen trotzdem alles ganz genau erzählen und ich bremse sie nicht: »Also, die Leute laufen alle rückwärts, weil die nix sehen! Die sind quasi blind, so wie die in der Höhle! Weil sie rückwärts laufen, kommen sie auch nicht voran. Genau wie die in der Höhle, die sich eigentlich nur umdrehen und aus der Höhle rausgehen müssten, so müssten sich diese Leute einfach nur umdrehen und vorwärts laufen! Christian ist so ein Oberschlauer, wie die in der Höhle, die die Schatten ganz besonders gut erkennen können und dafür geehrt werden, und deswegen ist er auf die Idee mit dem Rückspiegel gekommen. Dafür bewundern ihn die anderen, aber sie beneiden ihn auch ...«

Um mich herum strahlende Gesichter. Die Schüler/innen wissen immer am besten, wann sie etwas Grandioses geleistet haben. Der Transfer vom Originaltext in ein Bild auf der Bühne ist gelungen. Das Bild ist stimmig und stellt die Situation der Menschen in der Höhle mit anderen Mitteln dar. Die Schüler/innen haben nicht nur bewiesen, dass sie den Grundgedanken verstanden haben, sondern sie haben darüber hinaus ihre Gedanken in ein neues abstraktes Bild umgewandelt.

Ich stelle ihnen folgende Frage: »Wie sind die Menschen, die ihr da auf der Bühne gezeigt habt? Findet Adjektive für diese Menschen.« Folgende Wörter fallen, die ich alle aufschreibe: »arrogant, selbstzufrieden, besserwisserisch, ignorant, neidisch, ängstlich, mittelpunktsgeil, streitsüchtig, egoistisch, eitel, dumm«. Ich denke glücklich: »Keine weiteren Fragen ...«, lobe die ausgesprochen kreative Leistung der Schüler/innen und beende unsere heutige Probe.

2.11 Einen »wahren« Satz szenisch darstellen (Einbeziehen der ästhetischen Mittel)

S. 112

Beispiel: »Ein reicher Filmstar ist glücklich«
Hier fand die Übung »Wunscherfüllung durch Marionettenspiel« (Tanztheater) Verwendung: Ein Schüler baut sich mit den anderen Spieler/innen ein Bild, in dem er selbst als Filmstar auf Händen getragen und von den anderen umjubelt wird. Dieser Entwurf wurde später zur Szene im Stück verfeinert.

Das Gegenteil des Satzes szenisch darstellen:
»Ein reicher Filmstar ist unglücklich«
Der reiche Filmstar wird als »normaler« Mensch betrachtet. Das Leben eines Filmstars wird mit den Hoffnungen, Sehnsüchten, Wünschen eines normalen Menschen in Beziehung gesetzt. Was könnte einem reichen Filmstar fehlen (menschliche Wärme, echte Freunde, Privatleben und Ähnliches)?

2.12 Überarbeiten der Szenen durch das Feedback-Verfahren und unter zunehmender Anwendung ästhetischer Mittel

Die ästhetischen Mittel werden den Schüler/innen durch die Warm-ups, die weiterhin zu Beginn jeder Probe durchgeführt werden, immer vertrauter. Durch die Überarbeitung der Szenen findet eine Sensibilisierung z.B. für Dynamik, Rhythmisierung, Schwerpunkte, Höhepunkte, Spannung, und Verständlichkeit statt. Vorgehen:

- Szene in Standbilder gliedern, die die Hauptaussagen darstellen, z.B. könnte der Arbeitsauftrag im Falle von »Der Filmstar ist einsam« lauten: »Findet ein Bild auf der Bühne, das diese Einsamkeit unmissverständlich ausdrückt, am besten ohne Worte.« Hier eignet sich z.B. das ästhetische Mittel »Position im Raum«.
- Musikeinsatz als ästhetisches Mittel: kommentierend, ironisch, atmosphärisch unterstützend …

2.13 Darstellung des roten Fadens durch Bewegung (Tanztheater)

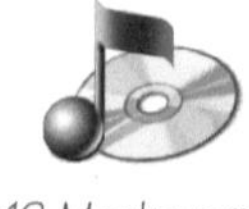
z. B. »12 Monkeys«, Track 2

Nun sollen Bewegungen herausgearbeitet werden, die den roten Faden des Höhlengleichnisses aufzeigen. Zu jedem der folgenden Arbeitsschritte gibt die Spielleiterin bzw. der Spielleiter einen Impuls. Alle probieren zusammen in der Gruppe Bewegungen zur Musik aus. Eine

Gruppe schaut zu und findet ihre »Lieblingsbewegungen«, dann Wechsel. Die Gruppe entscheidet, welche Bewegung sich am besten unter den Gesichtspunkten Verständlichkeit, Wirkung und Spannung eignet.

- *Ausgangspunkt:* Bewegungsmuster der Menschen in der Höhle (Rückwärtslaufen) Ein Mensch sieht die »Wahrheit«: Ein weißes Wesen läuft in Zeitlupe quer über die Bühne, nur ein einziger nimmt es wahr. Alle laufen weiter rückwärts, nur einer bleibt stehen und guckt.
- *Impuls:* »Wie kann durch Bewegung ausgedrückt werden, dass dieser Mensch als Einziger die Wahrheit erkennt, also den Aufstieg aus der Höhle wagt und sich den Weg hinaus erkämpft?«
- *Lösung:* Der Mensch folgt dem weißen Wesen mit Blicken, erstarrt, versucht vorwärts zu laufen, was zuerst nicht funktioniert, dann unter Schmerzen und Rückschlägen, dann Freude über die neue Erkenntnis (Rennen, Springen, Hüpfen ...).
- *Impuls:* »Wie kann durch Bewegung dargestellt werden, wie der eine Mensch in die Höhle zurückkehrt und die anderen Menschen zum Aufstieg ans Licht überreden will?«
- *Lösung:* Er versucht, ihnen das Vorwärtslaufen beizubringen.
- *Impuls:* »Wie reagieren die Einzelnen auf die Konfrontation mit der ›Wahrheit‹?«
- *Lösung:* Jeder stellt eine eigene Reaktion in Bewegungen dar, z. B. Abwehr, sich tot stellen, Belustigung oder Lächerlich-Machen.
- *Impuls:* »Wie kann durch Bewegung dargestellt werden, wie die Menschen den einen, der sie zur Wahrheit führen will, töten?«
- *Lösung:* Sie machen ihn mit Seilen bewegungsunfähig und zwingen ihn, wieder rückwärts zu laufen, woran er zugrunde geht, sprich: zu Boden sinkt.

2.14 Möglichkeiten der Inszenierung eines Dialogs durch Positionierung im Raum

- Die Spieler/innen stehen sich gegenüber.
- Die Spieler/innen stehen frontal zum Publikum.
- Die Spieler/innen stehen weit entfernt voneinander (alle Möglichkeiten austesten).
- Die Spieler/innen stehen direkt mit den Nasen aneinander.
- Die Spieler/innen liegen/sitzen/hocken.
- Die Spieler/innen stehen mit dem Rücken zueinander.
- Die Spieler/innen stehen mit dem Rücken zum Publikum.
- Die Spieler/innen nehmen groteske Posen beim Sprechen ein.
- Die Spieler/innen wechseln bei jedem Satz die Pose.

Alle Positionen werden ausprobiert und von den Zuschauenden auf ihre Wirkung hin überprüft. (*Impuls:* »Was soll im Dialog ausgesagt werden? Was ist das Wichtigste? Welche Position entspricht am ehesten der Aussage? Welche Pose hat welche Wirkung?«) Durch Feedback-Verfahren werden die »besten« Positionen gefunden und für die Szene übernommen.

2.15 Chorisches Sprechen (Umgang mit der Sprache)

- Jede Schülerin und jeder Schüler sucht sich aus dem Originaltext den Abschnitt oder einzelnen Satz aus, der ihn am meisten interessiert.
- Jeder schreibt seinen Satz groß und gut lesbar auf ein DIN-A4-Papier.
- Im Kreis: Jeder erzählt, warum er sich diesen Satz ausgesucht hat und was er für ihn bedeutet. Fragen werden in der Runde geklärt.
- Alle sprechen ihren Satz auf verschiedene Weisen: flüstern, schreien, gezischt, laut, traurig, fröhlich, schluchzend, getragen …
- Jeder präsentiert seinen Satz auf der Bühne: genauer Auftrittsweg, »fünf Sekunden zählen« (Spannung, Pause halten), Auftritt (Steigerung der Spannung), Präsentation des Satzes (Pause, Abtreten).
- Reflexion über die Spannungskurve und die Wirkung des Auftritts.
- Alle stehen in Formation. Jeder erhält eine Nummer (in der Reihenfolge, in der die Sätze im Höhlengleichnis auftauchen).
- Jeder spricht nacheinander seinen Satz auf seine Weise.
- Alle sprechen einen Satz gemeinsam. (Durch lautes Einatmen einer Spielern oder eines Spielers wird der »Auftakt« gegeben.)
- Mehrere Sätze werden chorisch gesprochen, geflüstert, geschrien und Ähnliches.
- Die Schüler/innen entwickeln eine »Sprach-Choreografie«.

Erfahrungsbericht

Sensibilisierung für die Wirkung und Bedeutung von Sprache
Der Originaltext von Platon wird in »Schnipsel« zerlegt. Jede Schülerin und jeder Schüler sucht sich eine zusammenhängende Textstelle aus und schreibt sie auf ein DIN-A4-Blatt. Jeder soll sich nun zehn Minuten lang mit seinem Text-Häppchen beschäftigen und sich folgende Fragen stellen: »Was bedeuten diese Worte eigentlich? Was lösen die einzelnen Wörter bei mir aus, wenn ich sie langsam und deutlich spreche?«

Um die Wirkung einzelner Worte zu illustrieren, bitte ich die Schüler/innen zuvor, die Augen zu schließen und die Wirkung folgender Worte in ihrem Körper zu erspüren: Krankheit, mehlig, rot, gesund, dunkel, stinkend. Die Schüler/innen berichten von deutlichen Unterschieden in der Empfindung beim Hören der Worte. Alle beschäftigen sich nun zehn Minuten allein mit ihren Textstellen. Der Text soll mal laut, mal leise vor sich hin gesprochen werden, die Wirkung der einzelnen Worte erprobt, Bilder im Kopf erzeugt werden.

Eine Schülerin hat folgenden Text: »In einer unterirdischen Wohnstätte ...« Ich stelle ihr folgende Fragen: »Wie genau sieht diese unterirdische Wohnstätte aus? Stell dir jedes einzelne Detail vor! Was löst das Wort ›unterirdische Wohnstätte‹ bei dir persönlich aus?« Anderen Schüler/innen gebe ich den Tipp, nach dem oder den intensivsten Wörtern in ihrem Text zu suchen und sich die oben genannten Fragen zunächst nur hinsichtlich dieser Wörter zu stellen.

Nach Ablauf der zehn Minuten sollen die Schüler/innen ihre Textteile auf der Bühne sprechen. Unabhängig davon, wie genau und intensiv sie vorher – auch im Zwiegespräch mit mir – den Text auf Wirkung, Klang und Bilder untersucht haben – jetzt bei der Präsentation des Textes auf der Bühne bricht die ganze Vorbereitung wie ein Kartenhaus in sich zusammen: Die Schüler/innen stehen wie zu Salzsäulen erstarrt auf der Bühne und sprechen mit feierlicher Stimme und verkrampfter Miene ihren Text, als würden sie ein auswendig gelerntes Gedicht vortragen, dessen Bedeutung sie nicht verstehen.

Ich muss spontan loslachen und Linda wirft sich bockig auf den Boden und meckert: »Mit dem Text ist das auch scheiße!« Dann muss ich einen Wutanfall und wüste Beschimpfungen über mich ergehen lassen, aus denen hervorgeht, dass Linda keine Texte »von Fremden« lernen will, das sei immer aufgesetzt. Sie will nur ihre eigenen Texte sprechen, wie sie es aus der biografischen Produktion vom letzten Jahr kennt. Alle Theaterstücke von »irgendwelchen alten Dichtern« seien doof, langweilig und so weiter.

Wir machen erst mal Pause und reden auf dem Schulhof an den Tischtennisplatten über Sokrates, was für ein Mensch er war, warum er Platon so beeindruckt hat, warum er so viele Feinde hatte, was er wollte und Ähnliches. Dass einige rauchen, ignoriere ich, weil es mir wichtiger ist, dass sie jetzt dabei sind.

Dann ein kurzes Gespräch mit Linda, die sich durch ihre Zigarette wieder ein bisschen beruhigt zu haben scheint. Ich frage sie: »Was für einen Text hast du denn?« Sie: »Von Kind auf in dieser Höhle festgebannt mit Fesseln an Schenkeln und Hals ...« Ich: »Stell dir doch mal vor, du lernst jemanden kennen, der erzählt dir, dass er von Kind an in einer dunklen Höhle gelebt hat, gefesselt an den Beinen und am Hals! Stell dir das doch mal vor! Und jetzt erzähl mir das! So wie du das jemandem auf dem Schulhof erzählen würdest. Das ist doch der Hammer! Jemand hat von Kind an gefesselt in einer Höhle gelebt! Erzähl mir das!« Linda muss lachen, weil ich mich so aufrege. Dann macht sie ein paar Startversuche, in denen aber wieder diese »feierliche« Stimme mitschwingt und ich unterbreche sie und frage: »Warum machst du immer diese feierliche Stimme? Ist das feierlich für dich, wenn du dir vorstellst, dass jemand von Kind an in einer Höhle gelebt hat und sich kaum bewegen konnte? Wo ist deine normale ›Linda-Stimme‹? *Du* sollst mir das mit der Höhle erzählen, ganz direkt und ganz normal – *du mir!*«

Es wird immer besser. Vor allem ist Linda deutlich besänftigt, weil sie also doch nichts »Fremdes«, »Künstliches« sprechen soll, sondern ihre eigene »Linda-Art« gefragt ist. Nach der Pause sprechen die Schüler/innen erneut ihren Text auf der Bühne. Es ist zwar wesentlich besser, aber noch immer ist dieses »Ich-sage-ein-Gedicht-auf«-Gehabe« zu erkennen.

Anschließend rede ich mit den Schüler/innen darüber, dass Platon auch nur ein Mensch war, der Gedanken aufgeschrieben hat, dass die Sprache ihnen teilweise nur deshalb so »hochgestochen« vorkommt, weil man damals eben noch andere Wörter im Sprachgebrauch hatte, so wie vielleicht heute »Ey, Bombe« oder »Mach isch disch Messer« oder so. Trotzdem sei das kein Grund, diesen Text mit einer so feierlichen Vortragsstimme zu sprechen. Ich sage den Schüler/innen, dass sie ganz nah bei dem Eindruck bleiben sollen, den die Worte auf sie persönlich machen, und dass sie selbst ganz und gar richtig sind, sich deshalb bloß nicht verstellen sollen.

Wir sprechen den Text zusammen laut, leise, geflüstert, schnell, langsam, wütend, gebrüllt, traurig, selbstherrlich und so weiter. Stück für Stück sehe ich die Fortschritte und rufe jedes Mal sofort rein »Ja!! Jetzt war es gut! Super!«, wenn sie ihren natürlichen Ton getroffen haben und der Text mit seiner Kraft plötzlich bei mir angekommen ist. Auf diese Weise arbeiten wir uns vor.

Aber mir ist klar, dass die Arbeit am Originaltext das Schwerste ist, was die Gruppe bisher gemacht hat, und dass nur deshalb Fortschritte möglich sind, weil die Schüler/innen ihren Körper bereits kraftvoll und kontrolliert auf die Bühne bringen können und schon eine gewisse Präsenz erarbeitet haben, sodass sie sich überhaupt auf den Text konzentrieren können. Auch haben sie bereits ein Gefühl dafür entwickelt, was sich »richtig« und was sich »falsch« anfühlt.

Linda sage ich, dass ihre Wutanfälle letztendlich immer ein Anzeichen dafür seien, dass etwas nicht stimmt, dass ich als Spielleiter etwas falsch mache. Ich versichere ihr, dass ihre »sensible Antenne« wichtig für unsere Arbeit ist. Der Moment, in dem sie bockig wurde, war der Moment, als sie sich »künstlich« und in ihrer Haut nicht mehr wohlfühlte – und darum nicht mehr gut sein konnte. Dieses Gefühl war absolut richtig, wie man gesehen hat, sage ich. Versöhnt und zufrieden beenden wir die Probe.

3. Krisen

Krisen, Rückschläge und Konfliktsituationen sind ein selbstverständlicher Teil der Theaterarbeit mit Jugendlichen. Es nützt überhaupt nichts, sie vermeiden zu wollen oder sich darüber aufzuregen. Sehr oft waren es Krisensituationen die uns – rückblickend – am meisten vorangebracht haben. Ohne Fehler zu machen, ohne zu hadern, zu zweifeln und zu suchen, können wir nichts Neues lernen bzw. entdecken.

Mir hilft folgender Satz, der sich immer wieder bewahrheitet hat: »Umwege erhöhen die Ortskenntnis.« Das Wichtigste ist, dass wir gelassen und zuversichtlich bleiben, egal was passiert. Meistens hat alles seinen Sinn – und seine Zeit.

Erfahrungsbericht

Es fehlen über die Hälfte der Schüler/innen. Die Stimmung ist ganz und gar am Boden. Ich sitze mit den Schüler/innen im Stuhlkreis und wir reden nur über ihre Probleme. Ungefähr zwei Stunden später entwickeln sich mit einigen Schüler/innen Gespräche über das Höhlengleichnis und Parallelen zu ihrer Alltagswelt. Einige liegen aber auf dem Boden und beteiligen sich nicht am Gespräch.

Da so viele fehlen und die Stimmung überhaupt seltsam ist, findet zunächst überhaupt keine szenische Weiterentwicklung statt. Drei oder vier Schüler/innen entwickeln aber die Idee, dass der Mensch, der den Weg aus der Höhle schafft, auf der Bühne plötzlich vorwärts laufen lernt. Und er den anderen vergeblich das Vorwärtslaufen beibringen will, worin er aber scheitert. Die Schüler/innen fragen mich nach einer »spannenden« Musik, die zu dieser Entdeckung des Vorwärtslaufens passen könnte. Ich lasse sie einige Sachen ausprobieren. Während der Rest der Gruppe entweder fehlt oder auf dem Boden liegt und sich schlafend stellt, probieren diese vier Schüler/innen mit unermüdlicher Energie ihre Idee aus.

Charlene zeigt den besten Bewegungsentwurf. Es sieht wirklich so aus, als würde sie vom Blitz (von der Erkenntnis) getroffen und würde jetzt das Vorwärtslaufen unter vielen Mühen und Qualen lernen, dann aber vor Glück über ihre Entdeckung in einen Rausch geraten. Sie bekommt viel Lob. Die anderen finden ihr Spiel beeindruckend und klatschen. Charlene strahlt. Die vier Schüler/innen sind irgendwie in Fahrt. Später wachen einige der am Boden liegenden auf und schauen den vier Energiebündeln zu.

Gegen Ende der Probe bietet sich folgendes Bild: Einige stehen auf der Bühne und probieren etwas aus (z.B. wie Charlene den anderen Menschen das Vorwärtslaufen beibringen will und diese sich alle auf unterschiedliche Weise weigern), die anderen sitzen vor der Bühne und rufen den Spieler/innen Vorschläge zu. Auf den ersten Blick wirkt das unkoordiniert und chaotisch. In diesen Stunden entstehen aber wesentliche Teile der Produktion. Die Schüler/innen wenden – zwar in einer gelockerten, aber trotzdem effektiven Form – das Feedback-Verfahren an und setzen, sich gegenseitig auf konstruktive Weise kritisierend, eigene Ideen suchend und probierend selbstständig um. Eigentlich doch gar kein Grund, niedergeschlagen zu sein.

Anhang

Höhlengleichnis (frei nacherzählt)

S. 130

Der folgende Text wurde den jugendlichen Zuschauern zum Verständnis der Theaterproduktion zu Platons Höhlengleichnis an die Hand gegeben:

Im Höhlengleichnis sitzen Menschen von Geburt an gefesselt in einer dunklen Höhle. Sie kennen die Welt draußen – außerhalb der Höhle – nicht.

Die Menschen sitzen alle mit dem Rücken zum Höhlenausgang und starren auf die Wand vor sich. Hinter ihnen flackert ein Feuer. Dieses Feuer wirft Schatten auf die Wand, vor der sie sitzen. Es sind Schatten von den Menschen, die draußen am Höhleneingang vorbeigehen.

Da die Leute in der Höhle nicht wissen, dass draußen echte Menschen an ihrer Höhle vorbeigehen, denken sie, dass die Schatten vor ihnen an der Wand die Wirklichkeit ist. Sie kennen nichts anderes als die Schatten und deswegen glauben sie, dass diese Schatten alles sind, was es auf der Welt gibt.

Sie wetteifern darum, wer die Schatten am besten erkennen und benennen kann. Sie ehren die, die besonders präzise im Erkennen der Schatten sind. Dabei wissen sie gar nicht, dass ihre Ehrungen völlig sinnlos sind, weil alles nur Schatten sind und nichts davon wirklich wahr.

Nun gibt es einen Menschen, der plötzlich merkt, was los ist. Nämlich dass es eigentlich ziemlich blöd ist, gefesselt in einer dunklen Höhle zu sitzen, sein Leben lang nur Schatten anzugucken und dann noch zu glauben, das sei alles, was es gibt.

Also steht dieser Mensch auf, dreht sich um und sucht den Ausgang aus der Höhle. Aber weil er so lange gefesselt dagesessen hat, ist sein Körper ganz steif geworden und jede ungewohnte Bewegung tut ihm nun weh. Dazu kommt das Licht des Feuers, das ihn blendet, weil er noch nie Licht gesehen hat. Noch schlimmer werden die Schmerzen, als er sich bei seinem Weg nach draußen immer mehr dem Tageslicht – der Sonne – nähert, weil das Licht viel zu grell für seine Augen ist.

Obwohl das alles eine ziemliche Strapaze für ihn ist, kämpft er sich nach draußen und ist erst mal sehr erschrocken und verwirrt darüber, was er sieht. All das konnte er sich ja vorher in der Höhle noch nicht mal im Entferntesten vorstellen. Und bestimmt hat er erst mal große Schwierigkeiten, mit der wirklichen Welt draußen klarzukommen.

Als er aber begriffen hat, wie viel besser und spannender es draußen ist als in der dunklen Höhle, da fangen ihm seine früheren Freunde in der Höhle an leidzutun. Er denkt: »Die Armen! Die wissen gar nicht, was sie hier verpassen und führen so ein langweiliges, trauriges Leben!« Deswegen denkt er, er sollte den anderen Bescheid sagen. Das wäre ja nur fair.

Als er aber wieder unten in der Höhle ist und seinen Freunden erzählen will, was draußen los ist, glauben die ihm natürlich nicht. Sie halten ihn für einen Spinner, der völlig verrückte Dinge erzählt. Sie finden auch, dass er arrogant auftritt, weil er ihre Welt, ihre Schatten, nicht mehr ernst nimmt. Die Schatten sind aber ihre ganze Welt und die wollen sie sich nicht von irgendjemandem schlechtreden lassen.

Außerdem haben sie Angst vor dem, was passiert, wenn sie tatsächlich ihre Fesseln lösen und aus der Höhle herausgehen. Sie haben Angst vor den Schmerzen und dem ganzen Stress. Und sie wissen ja nicht, was sie draußen erwartet. Das jagt ihnen zusätzlich Angst ein. Deswegen wollen sie lieber nichts verändern und in der Höhle bleiben – nach dem Prinzip »Was man hat, das hat man.« Und ihre Höhle kennen sie wenigstens.

Trotzdem stört sie das Gerede von dem einen. Denn wenn einer behauptet, dass es etwas viel Besseres gibt als das, was man hat, dann kann man es gar nicht mehr richtig genießen. Man muss sich ja dauernd fragen, ob der andere nicht recht hat und man nicht vielleicht doch draußen was verpasst. Aber dann müsste man ja doch so mutig sein rauszugehen. Die Leute in der Höhle aber sind so lethargisch, dass sie es einfach nicht schaffen.

Der eine, der ihnen von der Welt da draußen erzählt hatte, der nervt sie jetzt. Er erinnert sie ständig daran, dass sie sich nicht trauen rauszugehen. Und daran, dass ihre Welt, mit der sie bisher doch so zufrieden waren, vielleicht wirklich blöd ist. Deswegen fangen die Leute in der Höhle an, diesen einen, der all die Geschichten von draußen erzählt, zu hassen. Sie wollen ihn weghaben, damit sie wieder ihre Ruhe haben. Egal, ob es stimmt, was er gesagt hat, oder nicht. Deswegen bringen sie ihn um.

(Auch Sokrates wurde von seinen Gegnern, die nichts von seiner »Wahrheit« wissen wollten, indirekt umgebracht: Sie zwangen ihn, Selbstmord zu begehen, indem er das tödliche Schierlingsgift trank.)

Liste der Musikstücke, die sich im Theaterunterricht bewährt haben

Hier meine persönliche »Hitliste« – wenn sich bei einer Übung ein Musikstück besonders anbietet, ist dies in diesem Buch jeweils am Rand vermerkt. Natürlich ist jede Auswahl subjektiv und eine solche Liste kann nur ein Anfang sein – ergänzen Sie Ihre eigene Liste um jede Musik, die Sie selbst inspiriert! Die genannten Musikstücke eignen sich zur Unterstützung des Arbeitsprozesses und zur Motivation. Für den Einsatz von Musik in Theaterproduktionen bieten sich allerdings auch selbst erstellte Musikstücke bzw. Geräuschcollagen an, die im Prozess mit den Jugendlichen entstehen können.

Klassische Musik
- Johann Sebastian Bach: Air

Pop und Rock
- The Alan Parsons Project: Tales of mystery and imagination (Edgar Allan Poe)

Filmmusik
- »12 Monkeys«
- »A series of unfortunate events«
- »Chocolat«
- »Das Piano«
- »Die fabelhafte Welt der Amélie«
- »Finding Neverland«
- »Forrest Gump« (CD 2, Track 16)
- »Herr der Ringe«
- »In the mood for love« (Wong Kar Wai)
- »James Bond« (Titelthema)
- »Jenseits von Afrika«
- »Jurassic Park«
- »Lola rennt«
- »Matrix«
- »Once upon a time in America«
- »Once upon a time in the west«
- »Psycho« (Alfred Hitchcock)
- »Pulp fiction«
- »Schindlers Liste«
- »Star Wars«

(Alle genannten Titel sind auf CD erhältlich.)

Kommentiertes Literaturverzeichnis

Barz, André (1998): Vom Umgang mit darstellendem Spiel. Berlin: Volk und Wissen.
Dieses Buch eignet sich besonders als Ergänzung hinsichtlich des theoretischen Hintergrunds der methodischen Vorgehensweise im Theaterunterricht. In Bezug auf die Rolle des Spielleiters und dessen Aufgaben sind die Ausführungen auf S. 32–34 zu empfehlen.

Bauer, Joachim (2007): Lob der Schule. Hamburg: Hoffmann und Campe.
Dieses Buch klärt auf über Erkenntnisse der Hirnforschung wie Spiegelneuronen und Motivationssysteme und was sich daraus für pädagogische Konsequenzen ergeben – ein Muss für engagierte Lehrerinnen und Lehrer!

Brook, Peter (1997): Der leere Raum. Berlin: Alexander Verlag.
Ein sehr lesenswertes Buch. Es bietet keine praktischen Übungen, aber macht deutlich, warum Theater eigentlich nur Folgendes braucht: einen leeren Raum, eine Person, die etwas tut, und eine andere, die dabei zuschaut. Das Buch sensibilisiert den Leser für all das Unausgesprochene beim Theater, für das, was mitschwingt und unsichtbar, aber unverzichtbar ist: die Magie im Raum, die durch Theater entsteht.

Bubner, Claus/Mangold, Christiane (1997): Schule macht Theater. Braunschweig: Westermann.
Dieses Buch vermittelt klar und einfach die Grundlagen des Theaterunterrichts mit Jugendlichen. Zu jedem Thema werden praktische Übungen beschrieben und mit dem theoretischen Hintergrund verbunden. Dadurch können Sie sich schnell und einfach einen Überblick über die wichtigsten Themengebiete des Theaterunterrichts verschaffen.

Ebert, Gerhard/Penka, Rudolf (1998): Schauspielen. Berlin: Henschel.
Ein Standardwerk zur Methodik des Schauspielunterrichts. Besondere Beachtung finden in diesem Buch die Methoden der Hochschule für Schauspielkunst »Ernst Busch« in Berlin. Dieses Buch eignet sich nicht zur direkten Umsetzung im Theaterunterricht mit Jugendlichen, da das Fach »Theater« an der Schule andere Zielsetzungen verfolgt als die Methodik des Schauspielens. Dennoch sind viele Übungen und dazugehörige Texte eine Bereicherung für den interessierten Spielleiter und können teilweise sehr erfolgreich im Unterricht umgesetzt werden.

Hasselbach, Barbara (1989): Improvisation, Tanz, Bewegung. Stuttgart: Klett.
Besonders für den Schwerpunkt »Tanztheater« bietet dieses Buch interessierten Lehrerinnen und Lehrern ausführliche Hintergrundinformationen.

Johnstone, Keith (2002): Improvisation und Theater. Berlin: Alexander Verlag.
Dieses Buch bietet eine Vielzahl an praktischen Szenenbeispielen, die man mit Schüler/innen sehr motivierend im Theaterunterricht einsetzen kann, um ihnen die Wirkung von Hoch- und Tiefstatus auf der Bühne zu verdeutlichen. Gleichzeitig finden Sie in diesem Buch ein sehr unterhaltsames Kapitel »Ich bin Lehrer« (S. 27), das unsere Lehrerrolle von einem anderen Blickwinkel aus beleuchtet. Wie man über den Wechsel von Status als Lehrer/in eine konstruktive Beziehung zu seinen Schüler/innen herstellen kann, erfahren Sie auf S. 43–49. Die schädliche Wirkung von ausschließlichem Hoch- bzw. Tiefstatus im Unterricht wird anhand der drei Lehrertypen auf S. 55–57 unterhaltsam beschrieben. Insgesamt ist dieses Buch gerade für Lehrer/innen höchst lehrreich.

Johnstone, Keith (2004): Theaterspiele. Berlin: Alexander Verlag.
Dieses Buch bietet sich als Ergänzung zum oben genannten an. Es enthält eine Vielzahl an Spielen, die lehrreich und motivierend die Sensibilisierung für Status trainieren. Die tatsächliche Umsetzung des dort beschriebenen »Theatersports« hat sich bei meinen Schüler/innen nicht bewährt, aber die Übungen und Spiele sind sehr zu empfehlen.

Köhler, Norma (2009): Biografische Theaterarbeit.
Erscheint im Frühjahr 2009.

von Laban, Rudolf (1991): Choreutik. Grundlagen der Raum-Harmonielehre des Tanzes. Wilhemshaven: Florian Noetzel/Heinrichshofen-Bücher.
Dieses Buch ist nur zu empfehlen für diejenigen, die sich über das durchschnittliche Maß hinaus für Tanz interessieren. Um sich für diesen besonderen Bereich zu sensibilisieren, ist aber das erste Kapitel für jedermann lesenswert und interessant. Die anderen Teile des Buches sind sehr theoretisch und daher nur für absolute »Tanz-Liebhaber« geeignet. Für Menschen, die sich für Tanz interessieren, ist Rudolf von Laban natürlich ein Muss!

Mangold, Christiane (2006): Darstellendes Spiel, Bd. 1 und 2. Braunschweig: Schroedel.
Bei diesen beiden Büchern handelt es sich um Schulbücher für die Oberstufe, die Schüler/innen begleitend zum Unterricht selbstständig benutzen können. Auch für Sek. I-Lehrer/innen sind sie geeignet, denn sie enthalten eine interessante Auswahl an Materialien und methodischen Anregungen, die auf der Suche nach Ideen für den Unterricht weiterhelfen können. Besonders zu empfehlen sind die Seiten 108–125 im ersten Band. Dort werden methodisch sehr hilfreiche Anregungen zur Erarbeitung einer Collage gegeben. Diese sind besonders bei textgebundenen biografischen Produktionen eine sinnvolle Unterstützung.

Mieruch, Gunter (2007): Die Eigenproduktion – frei oder orientiert an Themen und Stoffen. In: Spiel & Theater, H. 180, S. 25.

Sachregister (mit allen Übungen)